Wolfgang Prosinger

In Rente

Der größte Einschnitt
unseres Lebens

Rowohlt

3. Auflage Mai 2014
Copyright © 2014 by Rowohlt Verlag GmbH,
Reinbek bei Hamburg
Satz aus der Janson PostScript, InDesign,
bei Pinkuin Satz und Datentechnik, Berlin
Druck und Bindung CPI books GmbH, Leck
Printed in Germany
ISBN 978 3 498 05314 7

A perpetual holiday is a good working definition of hell
Immer Urlaub ist eine gute Arbeitsdefinition von Hölle
George Bernard Shaw

Für Annette

INHALT

DIE UNTERSCHRIFT

Thomas Hecker stellt den Rentenantrag,
begegnet dabei seinen Altersgenossen und erschrickt

Hecker hatte sich vor diesem Tag gefürchtet. Aber dass es so schlimm kommen würde, das hatte er nicht geahnt.

Es war im März gewesen, als er bei der Deutschen Rentenversicherung angerufen hatte. In ein paar Monaten würde er seinen 65. Geburtstag feiern, Zeit, sich endlich darüber zu informieren, was da auf ihn zukam. Rente. Thomas Hecker hatte sich bisher nicht darum gekümmert, also bat er um einen Termin für ein Beratungsgespräch. «Na, wann ist es denn bei Ihnen so weit?», hatte der Mann am Telefon gefragt mit jener Servicefreundlichkeit, die in den vergangenen Jahren die Behörden ergriffen hatte. «In einem guten halben Jahr, glaube ich», hatte Thomas Hecker geantwortet. «Dann können Sie doch gleich Ihren Rentenantrag stellen, wenn Sie schon mal bei uns sind», sagte der Mann und versprach sofort, er werde Hecker in den nächsten Tagen einen Brief zugehen lassen mit einer Liste aller jener Dokumente, die für ein reibungsloses

Ausfüllen des Rentenantrags unabdingbar seien, er betonte: unabdingbar.

Hecker hatte sein ganzes Leben ungern Listen abgearbeitet. Aber in der Unordnung seiner Aktenordner fand er dann doch das unabdingbar Benötigte: Sozialversicherungsnummer, Steueridentifikationsnummer, IBAN-, BIC- und Kontonummer, Krankenversicherungsnummer, Schul- und Hochschulzeugnisse. Das, beruhigte er sich, werde wohl reichen für einen Antrag, der ihn in jeder Hinsicht auf neues Terrain führen würde.

Hecker lebte seit 15 Jahren in Berlin. War von Süddeutschland hierhergezogen, der Arbeit wegen. Hatte nach Stationen bei verschiedenen Tageszeitungen eine Stelle als Redakteur bei einer Monatszeitschrift für Politik, Wirtschaft und Kultur bekommen und war in all den Jahren in der Stadt heimisch geworden. Aber wo sich das Gebäude der Deutschen Rentenversicherung befand, hatte er bis dahin nicht gewusst. Er musste die Straße erst umständlich suchen, die Gegend war ihm gänzlich unbekannt.

Kaum hatte er das Gebäude betreten, fühlte er ein Unwohlsein. Hecker kannte dieses Gefühl beim Betreten einer Behörde seit Jahrzehnten, vermutlich eine Behördenphobie, Behördenallergie, er fühlte sich, kaum trat er durch eine Amtstür, augenblicklich kleinmütig und verzagt, ausgeliefert jenen geheimnisvollen Mächten, die in den zahllosen Zimmern zu Hau-

14

se waren, die an grauen Gängen lagen. Auch jetzt, im Gebäude der Rentenversicherung, vierte Etage, bitte, sagte der Pförtner, erging es ihm so, wie es ihm immer ergangen war. Aber diesmal war es mehr als die gewöhnliche Behördenunpässlichkeit, diesmal bedrängte und bedrückte ihn das Gefühl der Endgültigkeit: Dann können Sie doch gleich Ihren Rentenantrag stellen! Jetzt war er also gekommen, dieser Moment, er würde ein Formular unterschreiben. Und diese Unterschrift besiegelte etwas. Das Ende seines Arbeitslebens. Hecker mochte das Wort «besiegeln» nicht. Öffnen hatte er immer besser gefunden als schließen.

So war es also keine geringe Last, die Hecker an einem sonnigen Vorfrühlingstag in den vierten Stock schleppte, wo er einen Anmeldetresen vorfand sowie die Aufforderung, sich ein wenig zu gedulden. Hecker sah sich um, ein großer Warteraum, Zimmerpflanzen in schwarzen Kübeln, grauer Filzboden, graue Vorhänge, braune Stuhlreihen. Geriatrische Farben, dachte er mit einem unpassenden Anflug einer Heiterkeit, eines kleinen Lachens in die eigene Brust hinein, und setzte sich auf einen der braunen Stühle.

Dann passierte es. Er sah die Gesichter, sah diese Körper, Hecker sah die Menschen neben und vor und hinter sich, die auf den Stühlen saßen. An die vierzig mochten es sein, hauptsächlich Männer. Er sah Müdigkeit, Erschöpfung, Missmut. Er sah Gesichter, die er verlebt fand, zu Ende gelebt. Augen, die nicht blickten.

15

Köpfe, die sich nicht aufrecht hielten. Hecker sah: das Alter. Hecker sah Menschen, die bald 65 wurden. Und Hecker sah: Das bin ich.

Noch nie hatte er eine so unmittelbare, so schonungslose Begegnung mit seinem eigenen Alter erlebt wie in diesem Moment. Er sah diese Altersgenossen in der vierten Etage, alle vermutlich hier, um dasselbe Endgültige zu tun, wie Hecker es sich anschickte zu tun, und er war einer von ihnen. So, wie ich sie sehe, dachte er, so sehen sie mich. Müde, erschöpft, missmutig.

In ihm war keine Solidarität, kein Gemeinschaftsgefühl, er fühlte im Gegenteil einen Unmut in sich hochsteigen, eine Übellaunigkeit. Ich bin nicht so wie die, knurrte er, ich bin nicht müde, erschöpft, missmutig, ich werde 65, aber ich bin nicht alt, nicht so alt wie alle die. Beigefarbene Blousonjacken. Pullis aus dem vergangenen Jahrtausend. Großvaterschuhe, Marke «Mephisto», manche trugen Plastiktüten in der Hand. Allenthalben schien Hecker jetzt sogar Zeichen der Verwahrlosung bei den Wartenden wahrzunehmen. Rasiert euch!, donnerte seine innere Stimme. Lächelt! Haltet euch gerade! Aber niemand hörte ihn. Seine eigene Stimme drehte sich in seinem Kopf wie in einer Endlosschleife und wollte sich gar nicht beruhigen. Du bist wie sie. Du unterscheidest dich nicht.

Dann ertönte eine andere Stimme. Nicht zu überhören. Sie kam aus einem Lautsprecher. «Herr Thomas Hecker, bitte Zimmer 423.»

Hecker erhob sich, klemmte sich die Klarsichtmappen mit den unabdingbar benötigten Dokumenten fest unter den Arm, umrundete mit feindseligen Blicken, mit hilflosen zugleich, seine Alters- und Leidensgenossen auf den braunen Stühlen und machte sich auf den Weg zu Zimmer 423.

Als er die Tür öffnete, war Hecker sogleich besänftigt. Ihn begrüßte eine blonde Dame in den vierziger Jahren, die ein Schild auf ihrem Schreibtisch als Frau Klausen auswies, Henriette. Und Frau Klausen begegnete Herrn Hecker mit der größten Wohltat, die man einem in einer solchen Situation gewähren kann – mit der Wohltat der seit langem geübten Routine.

Sie fragte sachlich und beharrlich nach Rentenlaufzeiten, Bankverbindungen, Krankenkassen- und Steueridentifikationsnummern – und Hecker wurde augenblicks klar, dass es um weitere Identifikationen hier nicht mehr ging. Also sagte er auf Frau Klausens Fragen ungerührt «Ja» und «Nein» und am häufigsten «Weiß nicht», worauf Henriette Klausen die Augenbrauen hob, aber keineswegs Vorwürfe, sondern einen Eintrag in das Computerformular machte, das Hecker nicht sehen konnte.

Frau Klausen war am Ende durchaus zufrieden mit ihm. Hecker reichte Dokument um Dokument über den Schreibtisch in die vernünftigen Hände der Sachbearbeiterin. Langsam begann sich seine Behördenbeklemmung zu legen, und am Ende unterzeichnete er in vollkommener Nüchternheit das Papier, das Frau Klausen ausgedruckt hatte. Rentenantrag. Und er hat gar nicht gebohrt, schoss es Hecker durch den Kopf.

Ausgerechnet jetzt dieser dümmliche Satz, jetzt in diesem lebensbestimmenden Moment. Man hat sich nicht unter Kontrolle, dachte Hecker. Das Gehirn spielt einem Streiche. Er hatte von sich wahrlich etwas anderes erwartet als diesen peinlichen Zahnarzt-Satz. Etwas Erhaberenes, etwas, das von Größe zeugte oder meinetwegen auch von meiner Verzagtheit, dachte er. Jedenfalls etwas, das dem Ernst dieses Moments entsprach. Schließlich hatte er eine Unterschrift geleistet, die sein Leben von Grund auf verändern würde. Rente. Ruhestand. Rentner Thomas Hecker. Auch wenn es noch mehr als ein halbes Jahr hin war.

Andererseits, überlegte er, war die Banalität des Satzes vom Bohren womöglich angemessen angesichts der Banalität dieser Situation. Er hatte doch genau das getan, was all die Leute um ihn herum auch taten, was die meisten zu tun gezwungen waren, wenn sie sich den 65 näherten. Das war eben nichts Erhabenes. Das war nur der Lauf des Lebens.

Frau Klausen bedeutete ihm nun, dass die Sache hiermit erledigt sei, lediglich die Geburtsurkunde seiner Tochter sei nachzureichen, die habe bei den Papieren gefehlt, ansonsten wünsche sie noch einen schönen Tag.

Hecker erhob sich, verließ Zimmer 423, ging zurück

zum Wartesaal, nahm nicht den Fahrstuhl, sondern die Treppe, weil er das Gefühl hatte, er müsse sich jetzt dringend bewegen, grüßte den Pförtner, stand auf der Straße und wunderte sich. Was war nur in ihm vorgegangen, dort oben? Dieser irritierende Ausbruch von Zorn, als er seine Altersgenossen ansah. Und Hecker, in einem Moment der plötzlichen Selbsterkenntnis, dachte: Angst. Ja, das musste es gewesen sein. Angst, als er seinem Alter in die Augen blickte. Angst vor der Begegnung mit seiner Wirklichkeit. Er schüttelte sich, als könnte er sein Alter damit loswerden und sich zurückverwandeln in jene Person, für die er sich all die Jahre stets gehalten hatte: kein junger Mann mehr, gewiss nicht, aber doch kein alter. Mitten im Leben. Aber die Verwandlung wollte ihm nicht gelingen. Jetzt nicht. Er hatte einen Antrag unterschrieben.

Das Dolomiten-Desaster

*Hecker unternimmt eine Bergwanderung,
erlebt ein blaues Wunder und trauert
seiner Jugend nach*

Hecker haderte mit sich. Maulte, schimpfte. Den Rest des Tages und den Abend über auch. Was war das nur für eine Vorstellung ganz besonderer Wehleidigkeit, die er da im Rentenamt hingelegt hatte! Sieht in die Gesichter seiner Ruhestandskollegen, findet sie uralt und graust sich davor. Und graust sich zugleich vor sich selbst, vor diesem Mann, der kein anderes Gesicht hat als die anderen und sich plötzlich in der Lächerlichkeit einer angemaßten Jugendlichkeit ertappt.

Aber auch jetzt, Stunden später, drängte sich immer wieder und ganz unabweisbar eine Frage in seinem Kopf nach vorne: Ob das mit der Jugendlichkeit oder, besser gesagt, dem Noch-nicht-ganz-so-alt-Sein wirklich nichts als Anmaßung war? Ob es nicht doch einen Grund dafür gab? Nur einen kleinen, dachte Hecker, von mir aus einen winzig kleinen. Aber eben doch einen Unterschied zwischen seinem alten Gesicht und den uralten Gesichtern der anderen auf den braunen

Stühlen. Es musste doch etwas geben, was zu seinen Gunsten spräche. Es waren geradezu flehentliche Gedanken, die in Heckers Kopf kreisten.

Natürlich hatte auch er seine Alterserfahrungen gemacht, nicht erst jetzt mit seinen 64 Jahren machte er sie, auch in den Jahren zuvor waren die Zeichen nicht zu übersehen gewesen. Die körperlichen zumal, obwohl er sich sein Leben lang einer robusten Gesundheit erfreut hatte. Immer öfter wurde er neuerdings von einer ungewohnten Müdigkeit überfallen, sein Rücken plagte ihn schon seit langem. Und neulich erst hatte er sich einen Leistenbruch operieren lassen müssen, Altmännerkrankheit, spottete Hecker, morsches Gewebe. Spott, fand Hecker, war ein gutes Mittel gegen die Morschheit.

Schlimmer war es im Jahr zuvor gekommen, als er mit seiner Frau in den Dolomiten war. Hecker war in jungen Jahren ein unermüdlicher Bergsteiger gewesen. Nicht gerade ein großer Kletterer, da hatte er es nie über den vierten Schwierigkeitsgrad hinaus geschafft, Angsthase, dachte Hecker, aber die großen, langen Gletschertouren in der Schweiz, in Österreich, in Frankreich, die waren seine Spezialität gewesen. Jeden Sommer war er mit seinen Freunden in die Berge gezogen und ihnen stets ein Ärgernis gewesen: weil er alle übertrumpfen wollte mit seiner offenbar unbegrenzten Kondition. Und das, obwohl er damals an die zwei Päckchen Zigaretten pro Tag geraucht hatte. Vielleicht, dachte Hecker, stammt dieses Gefühl der Jugendlichkeit, das er immer noch hegte und pflegte und das so sehr seiner Wirklichkeit widersprach, aus jenen Zeiten. Aus den Zeiten der Unbesiegbarkeit.

Natürlich war die Sache mit den Zigaretten inzwischen längst vorüber, die Sache mit dem Konditionswunder allerdings auch. Also verließ Hecker, was er nicht gerne tat, die Steilwände sowie das ewige Eis und wurde ein älterer Herr, der die Berge auf eher gemächlichen und nicht allzu steilen Wegen durchwanderte, von Hütte zu Hütte. Aber, und darauf bestand er, jedes Jahr, zumindest eine Woche, sollte es diese kleinen Vergegenwärtigungen seiner Jugend immerhin noch geben. Er ging die Wege, die nun Wanderwege waren, mit einer Begeisterung, die nur dadurch geschmälert wurde, dass es eben Wanderwege waren.

Bis diese Sache in den Dolomiten geschah. Es war ein sonniger Oktobertag, wie er für Wanderungen nicht schöner sein konnte. Aber etwas stimmte nicht. Hecker hatte es schon nach wenigen Minuten bemerkt. Die Beine wollten nicht laufen, wie sie immer gelaufen waren, die Schritte fielen ihm schwer, und seine Frau, Franziska, mit der er nach einer gescheiterten ersten Ehe nun schon seit zwanzig Jahren ein Paar war und die gerade mal vier Jahre jünger als er war, blieb stehen und immer wieder stehen, bis der Ehemann endlich angetrottet kam. Die Zeiten des Wartens wurden immer länger. Hecker hatte Krämpfe in den Beinen, Schmerzen in den Muskeln und war doch kaum zwei Stunden unterwegs. Noch nie hatte er so etwas erlebt. Jetzt verfluchte er seinen Widerstand gegen die ausdauernden Mahnungen seiner Frau, er möge endlich einem Fitness-Studio beitreten. Du schlaffst ab, hatte Franziska gesagt, Hecker, alter Mann.

Hecker hatte laut gelacht. Thomas Hecker, junger Mann.

Jetzt schleppte er sich mit brennenden Muskeln und knapper Not zur nächsten Berghütte und wachte am anderen Morgen in einem Zustand der Unbeweglichkeit auf. Kein Problem, hieß es, man sei hier kaum zwanzig Minuten von einer Sesselliftstation entfernt, von der man ins Tal fahren und anschließend mit dem Bus weiterkommen könne. Hecker bedankte sich höflich, bis zum Sessellift brauchte er zwei Stunden.

Die folgenden Tage verbrachte er mürrisch in einem Hotel, humpelte durch die Flure, zog sich am Geländer die Treppenstufen hoch und behandelte die schmerzenden Waden und Oberschenkel mit einem duftenden Öl, Latschenkiefer-Extrakt, probates Mittel für solche Fälle, hatte die fürsorgliche Dame an der Rezeption gesagt. Man habe Erfahrung mit dergleichen, hier im Dolomiten-Wandergebiet. «Unsere Senioren», sagte sie, «übernehmen sich gerne mal.»

Das Wort stand im Raum wie ein Gespenst. Senioren. Hecker hatte es immer verabscheut. Diese schönrednerische Besänftigung, wohlmeinender Vertuschungsversuch. Senioren. Jetzt hörte er dieses Wort zum ersten Mal über sich selbst. Er war in diesem Sommer des Missvergnügens doch erst 64 Jahre alt gewesen. Wahrscheinlich bieten sie mir heute zum Abendessen einen Seniorenteller an, grollte es in ihm.

Thomas Hecker, Senior. Thomas Hecker sen.

Das Dolomiten-Desaster war eine Episode geblieben, nach wenigen Tagen waren die Schmerzen verschwunden, und Thomas Hecker sen. fühlte sich alsbald wieder wie Thomas Hecker jun., jedenfalls beinahe. Immerhin hatte das alpine Erlebnis eine Konsequenz. Zurück zu Hause, fand er es nun doch an der Zeit, den Mahnungen seiner Frau zu genügen, und er suchte einen jener Orte auf, an denen schlaffe Muskeln im Handumdrehen zu straffen Muskeln werden, jedenfalls versprach das die Werbung des Fitness-Studios. Des Weiteren verhieß der Prospekt «Nackt besser aussehen», und Hecker, belustigt, fragte sich, ob er hier wirklich am rechten Platz sei, schien ihm das Thema der wohlgeformten Nacktheit nicht eben vorrangig, jedenfalls was seine Person betraf. Aber er unterschrieb den Mitgliedsantrag, ließ sich von einem sehr jugendlichen Trainer, der sich mit den Worten «Ich bin dein Coach» vorstellte und nackt bestimmt blendend aussah, in die Geheimnisse der zahllosen Muskelmaschinen einweisen. Von nun an besuchte Hecker das Studio jede Woche, manchmal sogar zweimal.

Die Verhältnisse an diesem Ort waren so eindeutig,

dass Hecker wider seine Natur keinen Moment einen Zweifel hegte, welcher Gruppe der Turner er hier angehörte. Im Grunde waren es zwei ganz verschiedene Menschenarten, die hier Gewichte stemmten, Bauch, Beine, Po modellierten: ganz Junge und ganz Alte, die einen bemüht um Schönheit, die anderen besorgt um Gesundheit. Hecker betrachtete beide mit Sympathie und Verständnis. Natürlich gehörte er der Gesundheitsfraktion an.

Je länger Hecker das Studio besuchte, umso mehr fand er sich einverstanden mit diesem Ort der Generationsunterschiede. Hier bin ich alt, hier darf ich's sein, lachte er, betrachtete die Körper der anderen Menschenart mit nicht ganz neidlosem Wohlgefallen, aber ohne inneren Protest.

«Du wirst erwachsen», sagte Franziska, die schon seit Jahren ins Fitness-Studio ging.

«Freu dich nicht zu früh», sagte Hecker.

Weil er wusste, dass hier der Ort der Körper war. Und an Körpern lässt sich nicht zweifeln. An den Köpfen aber schon. Denn Köpfe sind launisch und folgen der schlichten Vernunft der Körper meistens nicht.

Das erfuhr er ein paar Monate später. Er hatte eine Einladung bekommen.

Die Einladung

Hecker geht zu einer Rentner-Party, hört den
Gesprächen seiner früheren Kollegen zu und ärgert sich

Ein Kollege hatte eine E-Mail geschickt, er war ein paar Jahre älter als Hecker, Ruheständler seit geraumer Zeit. Viele Jahre hatten sie zusammen gearbeitet bei der Monatszeitschrift. Eine Zeitlang waren sie sogar in einem gemeinsamen Büro gesessen, waren mittags miteinander in die Kantine gegangen, hatten Alltagserlebnisse und Alltagssorgen miteinander besprochen, den jüngsten Klatsch im Betrieb und auch die Texte, die sie für die Zeitschrift schrieben. Hatten sich gegenseitig kritisiert und verbessert. Sich dann aber ein wenig aus den Augen verloren, hie und da ein Telefonat, immer seltener, und seit einem guten Jahr hatten sie gar nichts mehr voneinander gehört. Hecker war nicht verwundert darüber, Ruhestand hat eben etwas mit Ruhe zu tun. Beruf, dachte er, verbindet, Rente trennt.

Und jetzt diese unverhoffte E-Mail. Er plane für den letzten Freitag im März eine kleine Einladung, hatte es darin geheißen, keine große Sache, zehn, zwölf Leute, alles ehemalige Kollegen, Ruheständler wie er, es wäre ihm eine große Freude, wenn er Zeit hätte. Denn Zeit, fügte er hinzu, sei bei ihm gewiss ein kostbares Gut. Schließlich genieße er, Hecker, noch nicht die Vorteile des Rentnerdaseins, diese Zeit im Übermaß. Aber er gehöre, auch wenn er noch nicht pensioniert sei, ganz unbedingt zur Seniorengruppe der Zeitschrift, die er eingeladen habe. Jedenfalls sei diese Freitagseinladung ein Pflichttermin für Hecker, ein Wiedersehen mit der alten Zeit, ein echtes Ehemaligentreffen, er freue sich schon ungemein darauf. Ein Abend voller Erinnerungen, feuchtfröhlich womöglich. Für das leibliche Wohl sei gesorgt.

Hecker schauderte kurz, als er den Satz vom leiblichen Wohl las. Hatte er die Formulierung doch in all seinen Redakteursjahren konsequent aus Texten gestrichen. Sein Kollege hatte das, daran zweifelte er nicht, bestimmt genauso gehalten. Leiblich, spottete Hecker, leiblich! Verbotene Wörter hatten sie so etwas zu ihren gemeinsamen Arbeitszeiten genannt, ganze Listen solcher Wörter zusammen angelegt. «Maßnahmen durchführen» stand da zum Beispiel oder «Erholung pur», «Drahtesel» oder «vorprogrammieren», «Sohnemann» oder «menscheln» oder «kriseln» oder «urlauben» oder «kuren». Mehr als hundert Wörter waren es am Ende, die sie auf ihre Listen geschrieben hatten. Und jetzt benutzte der Kollege selbst so ein Wort! Aber Hecker nahm eine Anwandlung von Altersmilde bei sich wahr, vielleicht, dachte er, würde es ihm auch so ergehen, wenn er erst einmal aus dem Beruf ausgeschieden war. Deshalb war die Rührung über die Einladung größer als der Spott. Die alten Freunde wiedersehen, die Kollegen von gestern: Hecker gefiel die Idee. Ein Rentnerabend, auch wenn er noch nicht ganz dazugehörte.

Für halb sieben war die Einladung angesetzt. Hecker hatte sich nicht über die Uhrzeit gewundert. Rentner sind oft Frühschläfer, das wusste er, zeitige Bettgänger, obwohl er das nicht verstand. Der einzige Vorteil dieses Daseins schien ihm stets der Zeitgewinn am Morgen zu sein: die ungewohnte und ungeheuerliche Freiheit, den Wecker nicht stellen zu müssen, in den Tag hinein zu träumen, ohne Pflicht, ohne Zwang, ohne Frühstückshektik. Und deshalb mit dem Glück, abends nicht auf die Uhr schauen zu müssen, die Zeit unbeschwert dehnen zu dürfen, feuchtfröhlich womöglich.

Das war offenbar nicht so. Rentner, so hatte er oft gehört, folgten noch immer einer inneren Uhr, Macht der Gewohnheit, waren ihr untertan, wahrscheinlich für alle Zeiten, und hörten ihr Ticken, auch wenn dieses Ticken längst aufgehört hatte.

Halb sieben also. Hecker schaffte es nicht. Ein Autor hatte seinen Text verspätet abgeliefert, aus Italien wurde eine Regierungskrise gemeldet, in Spanien hatte eine Demonstration gegen die Jugendarbeitslosigkeit zu Gewaltausbrüchen geführt, in Brüssel redeten Finanzminister über den nächsten Euro-Rettungsschirm.

Hecker hatte zu tun. Auch wenn bei seinem Monatsblatt die journalistische Hektik mit der einer Tageszeitung nicht vergleichbar war. Hecker erinnerte sich noch gut an die Stresszeiten mit dem täglichen Redaktionsschluss an seinen früheren Arbeitsstellen. Aber auch jetzt kam es immer wieder vor, dass es plötzliche Terminballungen gab, Engpässe, Zeitdruck.

Als er schließlich kurz vor acht beim Treffen der Zeitungsveteranen ankam, waren alle voller Verständnis. Kennen wir, sagten die Kollegen, Ex-Kollegen, mach dir nichts draus, bist ja die Last auch bald los, und hoben ihre Sektgläser. Prost, Arbeitstier, schön, dass du da bist. Wir sind schon beim dritten Glas.

Hecker, das erste Glas in der Hand, sah sich vergnügt um. Fühlte sich sofort eingemeindet in die Gruppe der Sekttrinker. Kannte sie schließlich alle seit Jahren. Ihre Eitelkeiten, ihre Scherze, ihre Klugheiten, ihre Macken. Er fühlte sich zugehörig, er war einer von ihnen.

Gerade mit dem Kollegen, mit dem er einst das Büro geteilt hatte, war das Wiedersehen eine Freude. Ein kurzes Wort genügte, eine Anspielung, und schon wusste der andere Bescheid. Intimität der Vergangenheit. Die Zeit schien stehengeblieben zu sein.

Die Gespräche wogten, die alkoholischen Befeuerungen taten das ihre. Hecker bemerkte allerdings, dass ihn schon bald eine Müdigkeit überfiel, und er wurde immer stiller. Der Vorrat an Neuigkeiten schien allzu schnell erschöpft zu sein. Also wandten sich die Gespräche mehr und mehr rückwärts, ergingen sich in bekannten Betriebsanekdoten, Geschichten von früher, aus den alten Zeiten, erzählten das so oft Erzählte. Weißt du noch? Kennst du noch? Erinnerst du dich noch?

Hecker, mittlerweile ein wenig gelangweilt, versuchte, der Vergangenheit zu entkommen, begann die Ereignisse des heutigen Tages anzusprechen, die italienische Regierungskrise, überhaupt das schwierige Thema Europa. Das war stets sein journalistisches Spezialgebiet gewesen. Außenpolitik, besonders die Mittelmeerländer und da vor allem Italien. Immer war er ein glühender Verfechter eines Vereinten Europas gewesen, und er wusste, dass allen, die hier zusammenstanden und tranken, das Thema am Herzen lag, ja zu Herzen ging. Waren sie doch fast alle in den vierziger Jahren des vergangenen Jahrhunderts geboren, eine Generation mit ganz eigenen Erfahrungen. Kriegskinder, Nachkriegskinder. Oft aus verletzten Familien, die böse Erfahrungen gemacht hatten. Und deshalb immer voller Überschwang für die Idee eines Europas ohne Grenzen und ohne jene nationalen Torheiten, die die Massaker der Weltkriege angerichtet hatten. Bei diesem Thema, Hecker wusste es, waren sich alle einig, und diese Einigkeit hatte ihr gemeinsames Alter geschaffen.

Umso verblüffter war er, dass kaum jemand Notiz nehmen wollte von dem, was er zu sagen hatte. Wes-

30

halb er insistierte. Früher hatten die Kollegen seinen Eifer stets geteilt. Über das Europa der Bürokraten hinwegsehen!, hatten sie immer gesagt, das Europa des Friedens beschwören! Das war ihre Devise gewesen, ihre tiefste Überzeugung. Hecker hatte sich all die Arbeitsjahre an diesem gemeinsamen Geist erfreut. Gleichgesinnte Kollegen.

Der Fall Italien schien an diesem Abend jedoch niemanden sonderlich zu interessieren. Regierungskrise!, das sei doch in Italien an der Tagesordnung, alle paar Monate eine neue Regierung, mehr als fünfzig in sechzig Jahren, und früher sei das alles doch noch schlimmer gewesen.

Früher, ärgerte sich Hecker, früher, früher.

Und schon erzählte einer die Geschichte von früher, von jenem Redakteur aus den achtziger Jahren, der damals mit einer sehr jungen Volontärin nach Rom durchgebrannt war. Hecker hatte die Geschichte schon zwanzig Mal gehört.

Er spürte, wie sich Widerwille in ihm aufbaute, der von Minute zu Minute größer wurde. Wie man denn hier die Ereignisse in Spanien bewerte, versuchte er es erneut, und es klang schon ein wenig ungeduldig. Es sei ja so, antwortete die Ex-Kollegin aus der Kulturredaktion, dass sie seit einiger Zeit, seit ein paar Jahren eigentlich schon, ein extremes Problem mit ihrer Galle habe. Appetitlosigkeit, plötzliche Fieberschübe, rätselhafte Angelegenheit, das häufe sich, sie wisse gar nicht, wie sie der Sache Herr werden solle. «Versteht ihr?», sagte sie. «Wochenlang kein Appetit, Lust auf nichts. Nicht mal auf Alkohol.»

«Prost», rief einer dazwischen.

«Und auf Sex schon gar nicht», sagte die Kultur-redakteurin.

Hecker fragte sich, ob er in die ausbrechende Heiterkeit einstimmen sollte, aber er blieb stumm, weil er eigentlich lieber etwas Tröstliches gesagt hätte. Trost spenden – das war oft seine Rolle in der Redaktion gewesen. Immer war er einer gewesen, den die Kollegen gerne aufgesucht hatten mit ihren Sorgen. Hecker war ein guter Ratgeber, verständnisvoll, einer, der zuhören konnte. Aber an diesem Abend blieb er still, hatte sein Sektglas ausgetrunken, holte sich jetzt ein Glas Weißwein und beschloss, dass es damit genug sein sollte. Es war Zeit, bald zu gehen, fand er.

Apropos Europa, sagte jetzt der frühere Wirtschafts-Ressortleiter, er war gerade siebzig geworden, ihn störe dieses Europa-Denken ja schon seit etlichen Jahren, immer nur Europa. Endlich, endlich habe er die Ferne entdeckt, Bali, Alaska, Malediven – ihr glaubt gar nicht, wie ich rumgekommen bin in den vergangenen Jahren. Ruhestand, sagte er, die neue Freiheit.

«Unruhestand!», rief einer.

Unruhestand, dachte Hecker. Das Wort stand auch auf seiner Liste der verbotenen Wörter. Er zählte es zu den «Verniedlichungswörtern». Eine ganze Reihe gab es davon, etwa die Formulierung «50 Jahre jung» oder der Ausdruck «Nobelherberge» für ein Luxushotel oder «Edelkarosse» für die Mercedes S-Klasse.

Der Drang, nach Hause zu gehen, wuchs. Aber wie sollte er sich entschuldigen? Es war gerade erst neun Uhr geworden. Wieso war seine Aversion so heftig?, fragte er sich. Hier war doch eine Ansammlung freundlicher Menschen, kluger Menschen zusammengekommen. Viele Jahre war er mit ihnen durch dick und dünn gegangen. Schon wieder so eine schreckliche Formulierung, dachte Hecker. Er war von verbotenen Wörtern umzingelt.

Hecker nahm sich nun doch noch ein Glas Wein, ein ganz kleines nur, überlegte und begriff. Es war keine Gegenwart in diesen Gesprächen, es war nur ein Früher, ein Damals, ein Einstmals. Hecker erschrak, weil er den Grund dafür erkannte. Die Gespräche waren Ausdruck einer Wirklichkeit. Hier in dieser Wohnung waren Menschen ohne Leben in der Gegenwart. Es gab nichts Gegenwärtiges zu erzählen.

Hecker tat ihnen unrecht. Denn plötzlich fragte einer etwas durchaus Gegenwärtiges. Ob denn jemand schon das neue, umstrittene Stück am Deutschen Theater gesehen habe. Hecker hatte. Und war sogleich begeistert, endlich ein Gesprächsthema. Er war viel unterwegs zu den Bühnen der Stadt, Schauspiel, Oper – ein Grund, warum er sich in Berlin so wohl fühlte. Er erklärte nun, warum dieses Stück am Deutschen

Theater wirklich gar nichts tauge, eine einzige Enttäuschung. Andere hielten dagegen, sie waren im schönsten Streitgespräch, und Hecker freute sich, dass er sich offenbar getäuscht hatte. Doch nicht so gegenwartsblind, dachte er, geht doch.

Die Freude währte nicht lange, denn gerade flammte in einer Gesprächsecke jenes Thema wieder auf, das schon eine Stunde zuvor so großes Interesse auf sich gezogen hatte. Der Kollege, der in all den Jahren als unermüdlicher Kettenraucher bekannt gewesen war, wusste Anschauliches über die Spiegelung seiner Blase zu berichten, was sogleich zahlreiche Spiegelungserfahrungen nach sich zog. Was man nicht alles spiegeln konnte, den Darm, die Bronchien, den Magen. Und jedes Organ schien seine eigene Geschichte zu haben.

Hecker versuchte, nicht allzu genau hinzuhören. Nicht, dass er ohne Mitleid gewesen wäre, aber es gefiel ihm nicht, wie aus den Erzählungen der Krankheiten unversehens Trophäensammlungen wurden und jeder begierig schien, auf eine schlimme Erfahrung eine schlimmere zu setzen. Und das mit allen Anzeichen größter Heiterkeit und eines Leidensstolzes. Hecker mochte davon möglichst wenig wissen, wollte sich all das vom Leib halten. Er fand es schwer zu begreifen, dass diese Krankengeschichten, wenn nicht die einzige, so doch die hauptsächliche Gegenwart sein sollten, die seine ehemaligen Kollegen erlebten.

Er sah jetzt mit seinem Weinglas in der Hand aus

einem der hohen Fenster der Altbauwohnung des Gast-
gebers und schaute in den grünen Hof des beginnenden
Frühlings. Ein halbes Jahr noch, dann würde es auch
für ihn so weit sein. Gut sechs Monate, 27 Wochen. Die
Tage herunterzählen, davon hatte er oft gehört. Hecker
war nie bei der Bundeswehr gewesen, aber viele hatten
ihm erzählt, dass Rekruten gegen Ende ihrer Dienstzeit jeden Tag einen Zentimeter von einem Maßband
abschnitten, damit sie genau sehen konnten, wie viele
Tage ihnen noch bis zum Schluss ihres Wehrdienstes
fehlten.

Rekrut Hecker, noch 189 Tage.

Er stand am Fenster, Hofblick, war mit sich im Un-
reinen und fragte sich, ob das wirklich so sein musste.
Gegenwartsverlust. Leben in der Vergangenheit. Hecker verurteilte seine Kollegen keineswegs. Aber er
fand sie verblüffend verändert, es wollte ihm nicht in
den Kopf, dass die wenigen Jahre ihres Ruhestands eine
solche Veränderung hervorgerufen hatten. Würde es
auch ihm so ergehen in einem halben Jahr? War das zu
vermeiden? Welche Gegenwehr gab es?

Während er sich das fragte und ohne Antwort blieb,
trat ein Kollege neben ihn, einer aus der Parlaments-
redaktion, ein stiller Kollege, den Hecker gerade wegen
seiner Zurückhaltung immer geschätzt hatte. Er war
doch selbst eher ein Mann der leisen Töne gewesen.
Nicht immer, konnte sich schon zur Wehr setzen, wenn
er es für notwendig hielt. Sich ereifern, wenn er Un-

recht witterte. Das war in den vergangenen Jahren in zunehmender Weise geschehen. Keine Alterssanftmut, im Gegenteil, immer häufiger packte ihn neuerdings die Ungeduld. Vielleicht, weil ich nicht mehr so viel Lebenszeit habe, dachte er.

Hecker stand am Fenster, der stille Kollege auch. Und dann sagte der den gar nicht stillen Satz: «Thomas, glaub nichts.» Hecker wandte sich zu ihm und verstand nicht.

«Was soll ich nicht glauben?»

«Was sie sagen.»

Hecker verstand augenblicklich. Denn das war schließlich einer der Gründe, warum er sich nicht wohl fühlte an diesem Abend. «Du meinst, sie sind gar nicht so fröhlich, wie sie jetzt tun?»

«Sie sind anders, wenn du einzeln mit ihnen redest», sagte der Kollege. Er habe sich mit einigen von ihnen in den vergangenen Monaten gelegentlich getroffen, er wisse Bescheid. Die meisten fühlten sich aus der Zeit gefallen, hätten es nicht leicht mit ihrer Rentnerrolle. Bloß hier wolle das natürlich keiner zugeben, kaum irgendwo anders werde so viel gelogen wie beim Thema Ruhestand, «sei gnädig mit ihnen, Thomas».

Jetzt, dachte Hecker, wollte er keineswegs mehr nach Hause gehen. Jetzt wollte er mehr wissen. Womöglich etwas Entscheidendes.

Und die Kollegen taten ihm den Gefallen.

«Wissen Sie», hörte er den ehemaligen Chefredakteur sagen, der auch jetzt, da der Ruhestand sie alle zu gleichwertigen Individuen ohne Rangunterschiede eingeebnet hatte, noch gerne seine Umgebung siezte, «wissen Sie», sagte er, «ich bin ein Frühbucher.»

Hecker wurde von einer nervösen Unruhe ergriffen. Wie immer, wenn er sich in der Nähe einer Wahrheit befand.

«Seychellen», sagte der Chefredakteur, bei den Seychellen könne man als Frühentschlossener erstaunliche Preisvorteile erlangen. Er kenne da ein Reisebüro, unbedingt zu empfehlen, unglaublich, welche Rabatte die herausschlügen.

Sogleich wurden skeptische Stimmen laut. Er habe, mehrmals schon, außerordentlich schlechte Erfahrungen mit den Seychellen gemacht, sagte einer, schlechte Strände, heruntergekommene Hotels, verlorenes Paradies. Er rate vielmehr zu Sansibar, unbedingt Sansibar.

«Sansibar! Bist du wahnsinnig?», sagte eine Kollegin. «In deinem Alter.»

«Kein Problem», erwiderte der, «organisiere ich alles im Internet, es gibt sogar Direktflüge.» Aber viel interessanter sei es, die Fähre von Daressalam zu nehmen, Kontakte mit den Einheimischen, spannende Sache. Er habe die nächste Reise schon gebucht. In vier Wochen gehe es los, zwei Monate wolle er diesmal bleiben. Rentnerfreiheit.

Hecker, immer noch mit dem Kollegen am Fenster, hatte jetzt genug gehört. Und begriffen.

Dass es keine Gegenwart in diesen Gesprächen gab, war nur die halbe Wahrheit. Die andere Hälfte war schlimmer: Es gab auch keine Zukunft.

Die Zukunft, all das, was mit Hoffnungen, Erwartungen, möglicherweise auch mit Ängsten zu tun hatte, war hier geronnen in Reisepläne, Buchungsvorgänge, Routenbeschreibungen. Einmal Zukunft und zurück. Zum Seniorentarif. Eine andere Zukunft schien es nicht zu geben.

Sofort wurde Hecker eines Besseren belehrt. Das Gespräch hatte nämlich eine plötzliche Wendung genommen und war bei Familienangelegenheiten angekommen. «Mein Sohn hat jetzt endlich eine Stelle beim Innenministerium in Aussicht», hörte Hecker. «Aha», machten die anderen, was anerkennend klingen sollte, aber eher wie der Ausdruck eines entschiedenen Desinteresses erschien. «Er heiratet auch bald», fügte die Stimme hinzu. Diesmal klang das «Aha» mehr als beiläufig.

Eine eigene Zukunft gibt es nicht mehr, dachte Hecker, sie haben sie an die nächste Generation delegiert. Plötzlich änderte sich seine Stimmung. Hatten ihn die Gespräche zuvor aggressiv gemacht, zornig fast, so wurde er jetzt von einer Traurigkeit ergriffen, weil er verstand, dass die Zukunftslosigkeit seiner Ex-Kollegen eine ziemlich zwangsläufige Zukunftslosigkeit war. Schließlich hatte er selbst seit einiger Zeit Vorboten davon erlebt. Etwas, das er als lebenserhaltendes Prinzip kennen und lieben gelernt hatte, begann ihm abhandenzukommen. Das Prinzip, dass morgen ein neuer Tag sei. Der Tag, der das Gestern vergessen macht. Das Morgen als der Tag, an dem die Fehler von gestern korrigiert werden konnten.

Was war die Zukunft, dachte Hecker, doch für eine geniale Erfindung: die Zeit, die alle Wunden heilt; die Zeit, in der man Fehler wieder ausbügeln konnte; die Zeit, wo noch nichts ist, aber alles werden kann; die Zeit, in der man besser, mutiger, ehrlicher, gescheiter sein würde. Morgen also, die beste aller Zeiten.

Morgen gab es nicht mehr, dachte Hecker. Und rief sich sofort zur Ordnung. Was für ein pathetischer Gedanke. Was für eine Übertreibung. Dennoch meinte er, nicht ganz unrecht zu haben. Aus rechnerischen Gründen. Weil die Zeit davonlief.

Zugleich fand Hecker, dass das eine faule Ausrede dafür war, sich ab einem gewissen Alter nicht mehr verändern zu wollen. Selbstverständlich missbilligte er das. Aber Veränderung braucht Zeit. Und die war jetzt rar.

Der stille Kollege stand noch immer neben Hecker am Fenster. Sie hatten geschwiegen und den anderen zugehört.

«Und du», fragte Hecker nun, «wie alt bist du jetzt?»

«69», antwortete der, und falls die Frage bedeutet habe, wie es ihm im Ruhestand ergehe, so wolle er Hecker gerne eine Warnung mitgeben. «Mach was,

Thomas», sagte er, «mach unbedingt was, mach Pläne, bereite dich vor, sonst ergeht es dir wie mir.»

Er sei in den ersten Ruhestandsjahren regelrecht abgestürzt, von einer Krise in die nächste gefallen, habe nichts mehr mit sich und der Welt anfangen können. Aber immer habe er die Verpflichtung in sich gespürt, nach außen wie ein glücklicher Mensch zu erscheinen, dankbar, dass er seine späten Jahre gesund ableben durfte – der Kollege sagte tatsächlich «ableben». Er habe geheuchelt wie die meisten. Es sei die schlimmste Zeit all seiner 69 Jahre gewesen. «Abgesehen von der Pubertät», räumte er mit einem schmalen Lachen ein, «aber ich glaube immer mehr», sagte er, «dass der Renteneintritt so etwas wie eine zweite Pubertät ist. Eine Zeit, in der alles durcheinandergebracht wird.»

Der Kollege, der zu Übertreibungen nicht neigte, schwieg dann, und Hecker fand, dass dieser Abend – ganz am Ende – doch nicht ganz so schlecht gewesen war. Weil er über das, was ihm bevorstand, so viel erfahren hatte.

«Na, Arbeitstier, schon müde?» Der Gastgeber packte Hecker am Arm, schob ihn vom Fenster zurück in die Gesprächsrunde. Hecker wehrte sich nicht, «spät geworden», murmelte er, ließ sich dennoch auf eine kleine Abschiedsplauderei ein, erkundigte sich freundlich nach Reisezielen, Krankheiten, Töchtern, Söhnen, Enkeln und erzählte nichts von sich.

Und schon gar nichts davon, dass ihm dieser Abend Angst gemacht hatte. Ach was, Angst. Es war schon ein bisschen mehr.

Er schwang sich auf sein Fahrrad und fuhr in die Vorfrühlingsnacht.

THE TIMES THEY ARE A-CHANGIN'

*Hecker zieht seine Lederjacke an, geht auf ein Konzert
und spürt, dass Alter eine ziemlich relative Sache ist*

Franziska war noch wach, als Hecker nach Hause kam.
Sah gerade eine DVD an, irgendetwas Spanisches.
Franziska sah oft spanische Filme, schon von Berufs
wegen, sie hatte ein Übersetzungsbüro. Französisch,
Italienisch, aber hauptsächlich Spanisch. Weshalb sich
in der Wohnung in allen Ecken spanische Zeitungen
und Zeitschriften türmten. Hecker hatte sich so oft wie
vergeblich über diese Anhäufungen mokiert, wobei er
zugeben musste, auch selbst dazu beizutragen, hatte er
doch drei Tageszeitungen abonniert. Aber immerhin
bequemte er sich gelegentlich, die gelesenen Zeitungen hinunter in den Hof zu tragen, zum Papiermüll.
Franziska hingegen verteidigte beharrlich ihre Stapel,
um Himmels willen, sie habe noch längst nicht alles
gelesen, sie müsse doch auf dem Laufenden bleiben.
Hecker pflegte dann zu knurren, und mehrmals war es
schon zum Streit gekommen in der Zeitungsfrage. Aber
dann mussten sie meist beide lachen, man streitet sich
doch nicht über Papier.

Oft schon hatte Hecker mit dem Gedanken gespielt, ein iPad anzuschaffen, auf das man die Zeitungen laden, auf dem Bildschirm lesen und so zu einer gewissen Müllvermeidung beitragen könnte. Aber er war dann doch davor zurückgeschreckt; er las ungern auf dem Monitor. Zeitungen, fand er, müssen knistern.

Franziska hatte auf die Pausentaste gedrückt, als Hecker ins Wohnzimmer trat. «So früh schon?», fragte sie.

«Müde», murmelte Hecker, trank ein Glas Wasser und schob noch etwas hinterher, das wie «Idioten» klang. Er wolle jetzt ins Bett gehen, kein guter Tag heute.

«Auch kein guter Abend?»

«Ach», sagte Hecker, «nichts Besonderes, bisschen langweilig.» Es lohne sich nicht, lange davon zu erzählen, nicht der Rede wert.

Natürlich wusste Franziska sofort Bescheid. Immer wieder hatte Hecker mit ihr in den vergangenen Wochen darüber gesprochen, mit welch finsteren Gedanken er seinem Ruhestand entgegenblickte. Und heute Abend war er womöglich mit seiner Zukunft in allzu engen Kontakt geraten. Franziska kannte ihren Mann so gut, wie man sich nach zwanzig Jahren eben kennt, ahnte, was in ihm vorging, und wusste zugleich, dass jetzt nicht der Moment für weitere Nachfragen war. Also ließ sie ihn gewähren. Am nächsten Tag würde er ihr ohnehin davon erzählen. Sie löste die Pausentaste und wandte sich wieder ihrem Film zu.

Hecker verbrachte keine gute Nacht. Immer wieder ging ihm die Zukunftslosigkeit, die Gegenwartslosigkeit seiner früheren Kollegen durch den Kopf, und es war nicht das Mitleid mit ihnen, was ihn nicht schlafen ließ, sondern das Mitleid mit sich selbst. So würde es ihm auch ergehen, dachte er, auch seine Zukunft würde die Vergangenheit sein. Die ganze Welt nur als Erinnerung. Im Alter, überlegte er, bist du das, was du warst. Du bist das, was du erlebt hast, vollbracht hast, gedacht hast. Alles in der Vergangenheitsform. Du bist nicht mehr das, was du vollbringen könntest, erleben wirst

Dein ganzer Reichtum ist die Erinnerung.

Hecker fand das entschieden zu wenig.

Franziska war, wie immer, eine kluge Zuhörerin, als Hecker ihr am nächsten Abend von diesem Fest berichtete. Dass die Welt der Älteren eine Welt des Gestern sei, sagte sie, das sei ja keine ganz neue Erkenntnis. Die hätten eben viele Jahre auf dem Buckel, da sammle sich nun mal einiges an; gleichzeitig würden die Jahre für eine mögliche Zukunft immer weniger. Kein schöner Gedanke, gab sie zu, aber etwas ganz und gar Normales. «Außerdem übertreibst du», sagte sie.

«Wie immer», sagte Hecker und lachte.

Aber Franziska meinte es ernst. Natürlich hätten auch ältere Menschen noch Perspektiven für die Zukunft, Pläne, Absichten. Weniger als in jüngeren Jahren, gewiss, daran werde man sich gewöhnen müssen, aber er, Hecker, tue ja gerade so, als wäre der 65. Ge-

burtstag das Ende des Lebens. Eine Lebensaufgabe
gewissermaßen.

Hecker freute sich. Lebensaufgabe. Lebens-Auf-
gabe. Solche Doppelsinnigkeiten hatten ihn immer
vergnügt, und Franziska war eine Meisterin darin. Sie
hätte in die Werbung gehen sollen, hatte Hecker oft zu
ihr gesagt, mit ihrem Talent für Sprachspiele. «Kann
ich bei meinen Übersetzungen aber auch gebrauchen»,
pflegte sie dann zu sagen. Gerade kämpfte sie mit dem
Erstlingswerk eines jungen spanischen Autors. Eigentlich eine Ausnahme, dass sie einen Roman übersetzte,
meist waren es juristische oder wirtschaftliche Texte;
das war finanziell lukrativer. Aber diesmal ein Stück
Literatur. «Nichts als Wortspiele in diesem Roman»,
sagte Franziska, «ein gefundenes Fressen.»

Ein gefundenes Fressen?, dachte Hecker. Seltsames
Wort.

Abgesehen von seinen Übertreibungen, setzte Franziska nach, habe er allerdings recht. Sie beschäftige sich
im Gegensatz zu Hecker ja schon seit sehr vielen Jahren
mit dem Älterwerden. Schließlich sei sie eine Frau.

Ihre kastanienbraunen Locken zeigten keine Spur
von Grau. Klar, dachte Hecker, sie ist ja erst gestern
beim Friseur gewesen.

«Zu Frauen», sagte Franziska, «ist das Alter viel
gemeiner als zu Männern. Das beginnt schon ab vierzig, wenn dir keiner mehr hinterherpfeift. Und in den
Fünfzigern ist dann sowieso alles aus.»

Hecker überlegte, ob er je einer Frau hinterhergepfiffen hatte, und kam zu dem Ergebnis: niemals. Er kannte auch niemanden, der Frauen hinterherpfiff. Vielleicht sagt man das nur so, dachte er, es tut aber keiner. Franziska jedenfalls hätte er gerne hinterhergepfiffen. Auch heute noch.

Sie finde, sagte Franziska, das Schlimmste, das wahrhaft Bedrohliche am Älterwerden sei die Endgültigkeit, die Unumkehrbarkeit. «Da hilft kein Schönheitschirurg, keine Kosmetikerin, keine Faltencreme, und das Haarefärben hilft auch nicht.»

Deshalb, sagte Hecker, hätten die Alten Meister ja so oft den Jungbrunnen gemalt. Da springen auf der einen Seite Knittergreise und Hutzelweiber ins Wasser und kommen auf der anderen Seite wundersam verjüngt wieder heraus. Eine schöne Idee, «wahrscheinlich», sagte er, «aus der Verzweiflung über das Altwerden geboren». Er könne das gut verstehen. Für eine zweite Jugend würden die Menschen schließlich alles tun, alles. Sogar dem Teufel ihre Seele verkaufen.

Hecker sprach mit seiner Frau noch lange an diesem Abend, es musste eine zweite Flasche Rotwein aufgemacht werden, aber daran fehlte es bei Hecker nie. Er hatte im Lauf der Jahre und Jahrzehnte eine gewisse Kenntnis der Weinwelt erworben sowie ein stattliches Kellerregal, in dem so manche Folge dieser Kenntnis lagerte. Neulich hatte er gelesen, dass im Alter oft auch der Geschmackssinn nachlässt, eine hässliche

46

Vorstellung, Schwund, nichts als Schwund, dachte er, aber an diesem Abend konnte das seine gute Laune nicht trüben. Er schenkte die Gläser voll und war sich sicher, dass Franziska den Wein loben würde, er wusste schließlich, was ihr schmeckte. Chianti, 2009, 100 Prozent Sangiovese, kein Mischsatz.

«Oh», sagte Franziska.

Der Abend endete dann noch mit einer Überraschung. Franziska legte plötzlich zwei Eintrittskarten auf den Tisch, heute gekauft, sagte sie, in vier Wochen ist es so weit. «Fans werden nicht alt, freut dich doch?»

Natürlich freute sich Hecker. Lange war er nicht mehr in einem Konzert von Bob Dylan gewesen, obwohl der fast jedes Jahr nach Berlin kam. Er hatte das Idol seiner Jugend ein wenig aus den Augen verloren, the times they are a-changin', hatte sich in der vergangenen Zeit ohnehin mehr und mehr der klassischen Musik zugewandt, war oft in den Berliner Opernhäusern anzutreffen oder in den Sälen der Philharmonie. Dennoch, Dylan, endlich einmal wieder, Poet seiner stürmischen Jahre, Wahrsager in allen Zeiten. Eine seiner Liedzeilen hatte Hecker zu seinem persönlichen Motto gemacht, zu einem Bekenntnis für alle Lebenslagen: «Strike another match, go start anew/and it's all over now, Baby Blue.» Franziska hatte ihn immer ein bisschen ausgelacht wegen dieses pathetischen Verses, der nach einem in die Jahre gekommenen Existenzialismus klang, aber Hecker erklärte stets, er entspreche

47

genau seinem Lebensgefühl in all den Jahrzehnten: hinfallen, aufstehen, hinfallen. So sei es immer gewesen. Ein bisschen Sisyphos. Leben eben.

Als der Konzerttag kam, holte Hecker seine alte Lederjacke aus dem Schrank. Schwarz natürlich. Sie machte ihn jugendlicher. Fand er. Gerade deshalb hatte er sie in der letzten Zeit selten angehabt. Hatte Sorge, sich der Lächerlichkeit preiszugeben, alter Mann in Jungsklamotten. Aber jetzt, fürs Dylan-Konzert – Lederjacke, was sonst?

Hecker stand zufrieden und fast ein wenig beseelt in der Masse der Zuschauer, musste sich, weil er klein gewachsen war, zwar immer wieder recken, um den Meister da vorne mit seiner Gitarre und seiner Mundharmonika in den Blick zu bekommen, hatte am Ende gar noch einen Regenguss aus Gewitterwolken zu ertragen. Aber er fand sich glücklich aufgehoben in den rhythmischen Bewegungen der Körper um ihn, Teil eines Gleichklangs, der ihn ausnahmsweise nicht bedrängte, und Franziska war auch dabei. Bob Dylan machte ihm die Freude, ein paar von den frühen Liedern zu singen, von den Zeiten, die sich ändern zum Beispiel, und als Zugabe gar noch das steinalte «Blowing in the wind». Und alle sangen mit. Was Hecker nun doch etwas peinlich fand. Aber es konnte sein Glück nicht trüben.

Dass er sich so fröhlich fühlte, war gleichwohl erstaunlich. Denn bei Licht besehen, ähnelte das Alter der meisten Zuhörer ganz und gar dem, das er neulich

48

bei der Deutschen Rentenversicherung, vierter Stock, bitte, angetroffen hatte. Sechzigjährige standen hier zusammen, Siebzigjährige, und der da vorne auf der Bühne ins Mikrophon näselte, war schließlich auch schon 72. Eine gerontologische Versammlung, rockin' Altenheim. Aber an diesem Abend störte Hecker die Zusammenkunft der Alten keineswegs. Und er fragte sich, ob das an den Lederjacken lag, die hier in erstaunlicher Zahl zu sehen waren.

Vielleicht lag es wirklich daran, auch wenn sogar hier und dort wieder diese beigefarbenen Blousonjacken zu sehen waren, Schlabberpullis und Großvaterschuhe. Aber die Gesichter waren nicht müde, nicht erschöpft, nicht missmutig. Er sah eine Jugend in ihnen, obgleich sie alt waren, und er war sich sogar sicher, dass sein eigenes Gesicht denen der anderen glich. Wir erkennen uns, dachte Hecker, in diesem Moment in unserer Jugend wieder. Wir erleben etwas, das wir schon einmal erlebt haben. Hecker war hocherfreut darüber und konnte eine gewisse Beunruhigung dennoch nicht leugnen. Wie alt sind wir, fragte er sich, und wenn ja, was bedeutet dieses Alter?

Was ist die Identität des Alters?

Natürlich befanden sich hier vor der Konzertbühne neben den paar Jungen, die sich dahin verirrt hatten, allesamt genau jene Menschen, von denen gerade in den vergangenen Jahren so oft und so ausdauernd die Rede gewesen war und von denen in Zukunft noch weit mehr gesprochen wird: Alte, die nicht alt sind. Die herkömmliche Dreiteilung des Lebens – Jugend, Zeit der Erwerbstätigkeit, Alter – hat sich längst in einen Viererschritt verwandelt. Zwischen die Erwerbszeit und das Greisenalter, das statistisch am 80. Geburtstag beginnt, hat sich ein neuer Lebensabschnitt geschoben, die Zeit zwischen 65 und 80, 15 gewonnene Jahre. Der Renteneintritt ist nicht mehr der Beginn des Lebensabends, sondern der Eintritt in ein Reich der offenbar unbegrenzten Möglichkeiten: befreit von den Zwängen der Arbeit, aber noch keineswegs am Ende aller Tage. Gesegnet mit einer Fülle nie gekannter Freizeit – und das oft bei guter Gesundheit.

Gegenüber der Generation der Großeltern hat sich die Lebenszeit der heutigen Alten um mehr als ein Drittel verlängert. Dauerte die Zeit des Ruhestands früher im Durchschnitt 10 Jahre, so sind es heute 17. Denn mit jedem Jahr steigt die Lebenserwartung der Menschen in Deutschland um etwa drei Monate. Mitte des Jahrhunderts wird sie für Frauen bei fast 85 Jahren liegen, für Männer bei gut 80. Jeder Dritte wird dann über 65 sein. Und das ist nur eine vorsichtige Schätzung. Das Rostocker Institut für Demographie vermutet noch massivere Zuwächse: «Setzt sich der Trend fort, könnte die Lebenserwartung stärker steigen, als die offiziellen Prognosen erwarten lassen.» Im Jahr 2050 könnte sie nach Rostocker Mutmaßungen bereits bei 90 Jahren liegen. Achtzig- und Neunzigjährige stellen schon jetzt den am stärksten wachsenden Teil der Bevölkerung. Sind heute etwa 4 Prozent der Deutschen älter als 80, so werden es in ein paar Jahrzehnten über 11 Prozent sein. Das 100. Lebensjahr erreichen schon heute fünfmal mehr Menschen als noch vor 30 Jahren. Und das Statistische Bundesamt stellt so nüchtern wie tollkühn fest: «Eine Obergrenze der Lebenserwartung ist nicht in Sicht.» Der Schriftsteller Hermann Kesten hat schon vor mehr als 40 Jahren prophezeit: «Die Fortschritte der Medizin sind ungeheuer, man ist sich seines Todes nicht mehr sicher.»

Niemand weiß, welche Möglichkeiten die medizinische Forschung noch bereithält. Sollte es neue Entdeckungen im Kampf gegen Krebs oder gegen Herz-Kreislauf-Erkrankungen geben, könnte sich die Prognose der Lebenserwartung noch einmal deutlich verändern. Auch die Erfolge der Ersatzteil-Medizin, der Austausch von Organen und Gelenken, werden das Lebensende weiter hinausschieben. Dazu kommt das in den vergangenen Jahrzehnten mächtig gestiegene Gesundheitsbewusstsein, die Ächtung des Rauchens, die zunehmende Zahl von Menschen, die Sport treiben, die bewusstere Ernährung, ärztliche Vorsorgeuntersuchungen sowie gewachsene Hygienestandards. Das alles verbunden mit einem durch die fast siebzigjährige Abwesenheit von Kriegen in Deutschland gewachsenen Wohlstand, der eine gesündere Lebensführung erst möglich machte.

Durch all das hat das Alter ein anderes Gesicht bekommen. Nicht nur, weil sich das seit Jahrtausenden meist gleich gebliebene Zahlenverhältnis von Jung und Alt inzwischen vollkommen verändert hat und sich durch den Geburtenrückgang in den westlichen Ländern noch ein weiteres Mal verschärft. Sondern auch, weil diese demographische Entwicklung zu einer gesellschaftlichen Umwälzung führt, die die Grundfesten des Alltags erschüttert und von der der französische Ethnologe Claude Lévi-Strauss einmal gesagt hat, im Vergleich dazu sei der Zusammenbruch des Kommunismus «unwichtig».

Ein Prozess hat begonnen, der alle Gewissheiten früherer Tage auf den Kopf stellt. 65-Jährige sind fit und aktiv wie noch nie in der Geschichte. Und durch ihr Einkommen, dessen Höhe und Regelmäßigkeit durchaus eine potente Käuferschicht. Die Werbung hat sie längst entdeckt. Freizeit, Reisen, Konsum – von Seniorentellern ist da nicht die Rede. Den «Best Agern» ist ein ganzer Wirtschaftszweig zu Diensten, die «Silver Economy», Produkte und Dienstleistungen für die Senioren. Die Gesellschaft für Gerontologie in Iserlohn vergibt für altengerechte Geräte ein Gütesiegel.

Ein neues Alter hat sich etabliert, wie es in der Geschichte der Menschheit noch nie aufgetreten ist. Es ist noch nicht allzu lange her, dass die Lebenserwartung der Menschen bei weniger als 40 Jahren lag, und das änderte sich über die Jahrhunderte und Jahrtausende kaum merklich. Allerdings handelt es sich hier um Durchschnittszahlen, die damit zusammenhängen, dass in die Statistiken immer auch die zu früheren Zeiten hohe Säuglings- und Kindersterblichkeit Eingang findet. Wer es hingegen schaffte, seine ersten 10 Jahre zu überstehen, hatte auch früher recht gute Chancen, 60, 70 oder gar 80 Jahre alt zu werden – jedenfalls als Mann; bei den Frauen sah es wegen der hohen Risiken bei Geburten ein wenig anders aus. Aber auch unter ihnen gab es Hochaltrige. Und in der Bibel kann man gar von wahren Altersexzessen lesen. So gibt es da einen Mann, der im rüstigen Alter von 187 Jahren einen Sohn gezeugt hat. Es scheint eine glückliche Vaterschaft gewesen zu sein, er lebte noch ganze 782 Jahre. Wurde insgesamt also 969 Jahre alt. Er hieß Methusalem und gilt als der älteste Mensch aller Zeiten.

Dabei hätte ihm sein Enkel diesen Rang beinahe streitig gemacht. Sein Name war Noah, er baute eine Arche und brachte es auf immerhin 950 Jahre. Es muss wohl an den Genen gelegen haben in dieser Familie.

Seit jeher haben diese biblischen Altersangaben Rätsel aufgegeben. Aber bekanntlich muss man nicht alles wörtlich nehmen, was in der Bibel steht. Methusalems 969 Jahre sind vermutlich einer Verwechslung von Jahren und Monaten geschuldet. Teilt man die biblischen Altersangaben nämlich durch zwölf, so wäre Methusalem mit 16 Jahren Vater geworden und mit 80 gestorben. Auch kein übles Alter in jener Zeit.

Methusalem!, dachte Hecker, mit Franziska auf dem Heimweg vom Konzert, und musste ein wenig lachen. Methusalem Hecker! Wollte er eigentlich wirklich alt werden, richtig alt, hochbetagt? Greis? Pflegefall? Er konnte es sich nicht vorstellen und wollte es nicht. Sein derzeitiges Alter bereitete ihm ja schon genügend Probleme. So glücklich er an diesem Abend gewesen war, so irritiert war er gleichzeitig über diese erstaunliche Jugendlichkeit der Alten, auch über seine eigene Jugendlichkeit. Etwas passte nicht zusammen. Das Bild des Alters schien verzerrt zu sein, es hatte keine klaren Konturen mehr, Grenzen hatten sich verwischt. «Too old to rock 'n' roll, too young to die», hatten sie damals gesagt, als sie in den Dreißigern waren und meinten, Abschied von ihrer Jugend nehmen zu müssen. Aber jetzt? Zu alt für den Beruf, ab in den Ruhestand, aber nicht zu alt für Rock 'n' Roll. Er dachte noch einmal an das Gespräch mit seinen früheren Kollegen damals bei diesem Fest, das er so früh verlassen hatte. Eigentlich, befand er, waren diese Gespräche und der heutige Konzertabend vom gleichen Holz. Auch der singende Bob Dylan war nichts anderes als eine Vergegenwärtigung der Vergangenheit, ein Aufguss der Erinnerung.

Was für eine seltsame Altersphase, sinnierte er, was für eine schwierige Gleichzeitigkeit: auf Popkonzerte gehen und auf den Rentenbescheid warten; Lederjacken aus dem Kleiderschrank holen und vor dem Spiegel die schwellenden Tränensäcke verfluchen; Fernreisen buchen und abends vor Müdigkeit die Augen kaum offen halten können. Alles auf einmal und nichts davon selbstverständlich. Was für eine Konfusion. Vielleicht hatte ja jener Kollege recht gehabt, als er den Renteneintritt mit der Pubertät verglich. Zeit der Unordnung.

Die Rollenbilder des Alters, früher genau definiert, waren verlorengegangen: die Alten auf den Ruhebänken im Park, Tauben fütternd und versonnen in den Sonnenuntergang blickend; die Alten hinterm Kachelofen, die Tabakspfeife stopfend; die Alten mit Gehstöcken und kleinen Schritten über die Bürgersteige schlurfend; die Alten aus zahnlosen Mündern mit den Enkelkindern lachend. Ausgediente Bildnisse, Klischees von gestern. Aber ersetzt wodurch?

Vielleicht, schien es Hecker nun, ist genau das mein Problem: dass ich deshalb so sehr mit dem Älterwerden hadere, weil ich es bemerke und gleichzeitig nicht bemerke. Weil es da ist und fern zugleich. Weil es wahr ist, unabweisbar wahr, und völlig unwahrscheinlich im selben Augenblick. Es gibt kein gültiges Rollenmuster mehr, keines, das Identität stiften könnte. Altersidentität.

Übergangszeit, dachte er weiter. Vielleicht ist das wie im Herbst. Man geht aus dem Haus, hat einen Mantel angezogen, es ist schließlich nicht mehr Sommer. Aber dann ist es viel zu warm, man fängt an zu schwitzen, also zieht man den Mantel aus. Kaum hat man das getan, beginnt man zu frieren, es ist ja Herbst. Man ist einfach nie richtig angezogen. In so einem Herbst bin ich wohl gerade, dachte Hecker.

Und die Spottlust stieg wieder hoch in ihm. Na ja, sagte er zu sich, auf den Herbst folgt der Winter. Und da herrschen bekanntlich klare Verhältnisse.

Aber Franziska, die immer noch konzertvergnügt mit ihm nach Hause ging, erzählte er diesen Gedanken lieber nicht.

Ja, mach nur einen Plan

*Wie füllt man die Leere des Ruhestands? Hecker sucht
Möglichkeiten. Und verwirft sie. Die Zeit ist viel zu
kostbar, um sie einfach zu vertreiben*

Immer häufiger geschah es in letzter Zeit, dass Menschen Hecker mit der Frage traktierten: Wie lange hast du noch? Oder gerne auch: Wie lange musst du noch? Eine offenbar wohlmeinende Anteilnahme an seiner verrinnenden Berufszeit, gemischt mit ein bisschen Neid: Du hast es gut! Auf der Zielgeraden des Berufslebens nach 40 Jahren Marathonlauf. Zum Greifen nahe der Moment, da Ende und Lohn der Anstrengungen erreicht waren.

Hecker hatte keine Ahnung, wie viele Tage er noch hatte, er musste nachrechnen. Noch 98, falls er sich nicht verzählt hatte. Ihm fiel wieder das Rekruten-Maßband ein. Gut drei Monate.

Neulich hatte er in der Zeitung von der Umfrage eines Marktforschungsinstituts gelesen. 53 Prozent der Deutschen, hieß es da, würden am liebsten schon vor ihrem sechzigsten Geburtstag aufhören zu arbeiten, mehr als jeder Zweite. Und gut 87 Prozent wollten mit dem Ruhestand nicht warten, bis sie 65 waren. Arbeit, so schien es Hecker, war nicht besonders beliebt.

Er fand das begreiflich. Wer 40 Jahre auf dem Bau geschuftet hatte oder am Hochofen oder am Fließband, wer tagaus, tagein an einer Kasse im Supermarkt mit der Monotonie der stets gleichen Bewegungen gesessen hatte, der hatte sein größtes Verständnis dafür, dass der Ruhestand für ihn gar nicht früh genug kommen konnte. Er sah auch ein, dass sich Lehrer oft zeitig pensionieren ließen, den ständigen Lärm in der Schule, dachte er, hätte ich auch nicht ertragen bis 65. Aber bei ihm war es anders gewesen. Sein Beruf brachte ihn normalerweise weder körperlich noch psychisch an Grenzen. Und er war ihm stets mehr gewesen als bloß eine Möglichkeit, Geld zu verdienen. Natürlich hatte auch er seine Arbeitsalltage oft genug verflucht, die vielen Stunden, die er im Büro verbrachte, die Eitelkeiten mancher Kollegen, quälend lange Redaktionskonferenzen, Ärger mit anmaßenden Autoren. Vor wenigen Jahren noch hatte auch er oft gedacht, was es für ein Glück sein würde, der täglichen Mühe eines Tages entronnen zu sein. Wenn er nicht mehr in die «Anstalt» müsse, wie er seinen Arbeitsplatz manchmal genannt hatte. Es war schließlich eine lange Berufszeit gewesen. Mit 25 hatte er begonnen, Volontariat bei einer Tageszeitung in Süddeutschland. 40 Jahre sind genug, hatte Hecker oft gedacht. Aber diese Gedanken kamen ihm, je näher der Rententermin rückte, mehr und mehr abhanden.

Der Grund für diesen Meinungswechsel war einfach. Unter Ruhestand hatte sich Hecker früher die Abwesenheit von Arbeit vorgestellt. Das genügte ihm, genauer hatte er es gar nicht wissen wollen. Er war schon immer ein talentierter Verdränger gewesen. Aber seit einiger Zeit spürte er, dass ihn Unruhe ergriff, erst sporadisch, dann immer häufiger. Und er begann, sich weniger für die Abwesenheit und immer mehr für die Anwesenheit zu interessieren: Was würde in der von Arbeit befreiten Zeit geschehen? Hecker versuchte, sie sich vorzustellen. Aber es gelang ihm nicht. Jedes Mal entstand in seinem Kopf ein unwirkliches Bild. Es zeigte eine weite Fläche, die bis zum Horizont reichte, es war nichts zu sehen auf dieser Fläche, überhaupt nichts, eine vollkommene Leere, nur in der Mitte dieser endlosen Weite stand ein Stuhl, und darauf saß, verloren im Raum, er selbst: Thomas Hecker, Rentner.

Er dachte, mein Problem ist nicht, dass die Arbeit zu Ende geht. Er hatte nie die Bedeutung dessen, was er tat, überschätzt, wie das Journalisten gelegentlich tun. «Ich bin Teil der Unterhaltungsindustrie», hatte er manchmal ein wenig sarkastisch gesagt, auch wenn er ernsthafte politische Zeitungsartikel schrieb. Nein, der Verlust der Arbeit war nicht die Bedrohung, die er spürte. Es war die Leere.

Natürlich wusste er, was zu tun war. Er musste die Leere füllen. Er musste etwas an die Stelle der Arbeit setzen.

Hecker hatte keine Idee.

Selbstverständlich hatte er schon oft darüber nachgedacht, wie er die Freizeit gestalten könne, die in inzwischen sehr absehbarer Frist auf ihn zukommen sollte. Aber es war ihm nie etwas eingefallen, was ihn zufriedengestellt hätte. Gewiss, da war er sich sicher, würde er auch als Ruheständler weiter Texte für seine Zeitschrift schreiben, hie und da wenigstens, nicht allzu oft. Nichts schlimmer als Rentner, die nicht loslassen können und ihre Nachfolger mit ihrem Erfahrungsschatz, der meistens nicht viel mehr war als Besserwisserei, drangsalieren. So einer wollte Hecker nicht werden, also nur ab und zu ein kleiner Artikel. Außerdem war er mit einem Kollegen vom Rundfunk gut bekannt, für ihn hatte Hecker in den vergangenen Jahren immer wieder einmal politische Kommentare geschrieben, der würde ihn bestimmt gelegentlich mit kleineren Arbeitsaufträgen versorgen. Ganz beschäftigungslos also würde er nicht sein. Bisweilen fand er die Vorstellung sogar verlockend. Schreiben nicht mehr als Pflicht, sondern nur noch zum Vergnügen. Selten, aber selbstbestimmt.

Zudem, nahm sich Hecker vor, könnte er seine Küchenfertigkeiten verfeinern. Immer schon war er ein recht passabler Koch gewesen, hatte gerne Freunde eingeladen und ihnen vielgängige Menüs aufgetischt. Jetzt würde er bald Zeit haben, Neues zu erlernen, Raffinierteres, vielleicht gar einen Kochkurs zu machen. Selbstverständlich für Fortgeschrittene. Franziska, dachte Hecker, würde sich gewiss freuen, wenn sie abends aus dem Büro kam – sie wollte ja noch einige Jahre arbeiten –, Hecker mit Schürze und einem fertigen Essen vorzufinden. Hausmann Hecker. Ein bisschen, dachte Hecker. Aber wirklich nur ein bisschen.

Dass die Leere mit solchen Tätigkeiten schon gefüllt sei, bezweifelte er indessen stark. Alle zwei Wochen vielleicht ein Artikel, jeden Tag kurz einkaufen und ein wenig kochen – ein ganzes Leben ließ sich damit nicht bestreiten.

Wahrscheinlich bin ich einfach zu spät dran, dachte Hecker. Seit Jahren hätte er am Projekt Ruhestand arbeiten müssen. Einen genauen Plan machen. Ziele festlegen. Wünsche notieren. Gesundheitsprogramme fixieren. «Wer nicht in ein Loch fallen will, sollte sich schon mindestens fünf Jahre vor dem Ruhestand ein Parallelprogramm aufgebaut haben.» Diesen Satz hatte er vor ein paar Tagen in der Zeitung gelesen. Er stammte von einer Personalentwicklerin. Leider wurde in der Zeitung nicht erklärt, was eine Personalentwicklerin tut. Hecker wusste es nicht. Allerdings erntete die Personalentwicklerin in diesem Zeitungsartikel auch heftigen Widerspruch. Fünf Jahre Vorbereitungszeit auf die Rente seien entschieden zu kurz, hieß es da. Es müssten wenigstens zehn sein. Hecker war ganz mulmig geworden, als er das las. Es war ihm auch nie in den Sinn gekommen, an einem der Seminare teilzunehmen, die allenthalben angeboten wurden: «Vorbereitung auf den Ruhestand», «Rente und dann?», «Leben 50 plus», «Ruhestand als Herausforderung».

Hecker war nicht vorbereitet, hatte die Jahre ins Land ziehen lassen, ohne sich um irgendetwas zu kümmern. Hatte schließlich zu tun, stand doch mitten im Leben, im Arbeitsleben, was ging ihn das Nichtarbeitsleben an? Ohnehin hatte er nie zu denen gehört, die große Pläne machten und sie dann gar noch befolgten. Er begriff sein Leben als Abfolge von Zufällen, von Unwägbarkeiten und Überraschungen. Und war damit im Großen und Ganzen nicht schlecht gefahren. Natürlich, die Scheidung von seiner ersten Frau, die Trennung von seinen beiden Kindern, einer Tochter und einem Sohn, die damals bei ihrer Mutter geblieben waren und heute längst ein Erwachsenenleben führten, war ihm sehr schwergefallen, hatte Verletzungen hinterlassen. Aber wie hätte er das vermeiden, welche Lebensplanung hätte das verhindern können? Immerhin hatte er zu den Kindern, zu Max, dem Älteren, und zu Paula, der zwei Jahre Jüngeren, stets ein nahes Verhältnis behalten. War mit ihnen in den Sommerferien zelten gewesen, in Italien oder Frankreich, und im Winter Ski laufen. Mit Max war der Kontakt seit kurzem etwas spärlicher, er hatte ein Ingenieurstudium hinter sich, etwas mit erneuerbaren Energien, Hecker war dieses Fachgebiet immer fremd gewesen. Jetzt hatte Max seine erste Stelle bekommen, bei einem Unternehmen, das in der Türkei Solaranlagen baut. Seit einem Dreivierteljahr hatte Hecker seinen Sohn nicht mehr gesehen, er telefonierte höchstens hie und da mit ihm. Mit Paula war es anders, zwar lebte sie inzwischen in Frankfurt am Main, arbeitete dort bei einer Werbeagentur, aber sie telefonierte mindestens alle zwei, drei Tage mit ihm, kam oft nach Berlin, weil sie hier Freunde hatte. Und sie hatte vom ersten Tag an ein besonders freundschaftliches Verhältnis zu Franziska entwickelt, hatte sie wie eine zweite Mutter angenommen. Manchmal war Hecker sogar eifersüchtig, weil sich die beiden so gut verstanden, dass er zuweilen das Gefühl hatte, ausgeschlossen zu sein. Dennoch war er froh über diese Nähe. Alles nicht so schlecht gelaufen, dachte Hecker, und das allergrößte Glück war, dass ich Franziska gefunden habe, damals, vor 20 Jahren. Alles ungeplant, alles Zufälle, das Leben war kein zahmes Tier.

Also würde dieser vermaledeite Ruhestand auf ihn zukommen wie alles andere auch, unberechenbar, er würde ihn schon bändigen. Und vielleicht war ja auch ein Gewinn in ihm verborgen, den er jetzt noch gar nicht sah. Eine Freiheit, die es erst noch zu entdecken galt, eine späte Weisheit, ein Altersglück, die Besänftigung durch lange Spaziergänge, ohne Ziele und Pflichten, die Heiterkeit einer lang entbehrten Muße. Wer weiß?

Gleichwohl blieb Hecker skeptisch. So etwas wollte nicht zu seinem Naturell passen. Er war nie ein Mann der stillen Einkehr gewesen, hatte immer auf seine Tat-

kraft vertraut. Und wenn er einmal stillhalten konnte, dann höchstens, um in Büchern zu lesen oder sich
Kopfhörer über die Ohren zu stülpen und in Musik zu
versinken. Das war die einzige Art von Weltabgeschie-
denheit, die er sich zugestand. Ansonsten aber hatte
Hecker stets den Radau der Welt geliebt und sich dort
am glücklichsten geschätzt, wo es lebhaft zuging, auf-
regend und turbulent. Es gab Menschen, die ihn rastlos
nannten. Keine ideale Voraussetzung für den Ruhestand, dachte er.

Falsch, korrigierte er sich, ganz falsch. Gerade
seine Ruhelosigkeit würde ihn davor bewahren, nach
dem Ende seines Arbeitslebens in Lethargie und Depressionen zu verfallen, wie es so vielen geschah. Ein
Drittel aller Rentner ereilt kurz nach dem Beginn des
Ruhestands eine Krankheit, das wusste er. Ihm würde
das nicht passieren. In seinem ganzen Leben hatte es
keinen Moment der Langeweile gegeben. Warum sollte sich das nun ändern? Er setzte auf den Motor, der
immer in ihm gearbeitet hatte. Auch im Ruhestand
würde er etwas finden, das ihn am Laufen hielt. Ganz
gewiss.

Er wusste von zahllosen Betätigungsfeldern, die
sich Ältere suchten. Zwischen 17 und 24 Millionen
Menschen – die Zahlen schwanken von Studie zu Studie – sind in Deutschland in Ehrenämtern tätig. Ihre
bürgerschaftlichen Helferdienste sind das Bindemittel,
das moderne Gesellschaften zusammenhält. Ohne ihre

freiwilligen, unentgeltlichen Leistungen wäre ein Zusammenleben gar nicht denkbar, der Staat müsste sofort Konkurs anmelden. Sie arbeiten in kirchlichen Organisationen, kommunalen, privaten, in Vereinen. Sie engagieren sich für die Umwelt, für Kinder und Alte, für Bildung, Tierschutz, Hausaufgabenbetreuung, Sport, für Garten- und Renovierungsarbeiten in Gemeinden. Hecker hatte eine Freundin, die, kaum dass sie in Rente gegangen war, eine Ausbildung zur Telefonseelsorgerin absolviert hatte und nun zweimal in der Woche abends versuchte, Menschen in Notlagen zu helfen. Eine andere hatte begonnen, sich in einem Sterbehospiz nützlich zu machen, verbrachte jede Woche ein paar Stunden in dieser Einrichtung, las den Kranken vor, redete mit ihnen oder saß einfach bei ihnen am Bett, um ihnen die Einsamkeit zu vertreiben. Das habe, sagte sie, ihrem Leben einen ganz neuen Sinn gegeben. Hecker war beeindruckt davon, weil er sich so etwas nicht zuzutrauen wagte. Ich habe nicht die Stärke dafür, dachte er, nicht die innere Ruhe, nicht die Geduld, vielleicht habe ich sogar Angst davor. Wer weiß, möglicherweise entwickelt sich das noch, vielleicht ist das Älterwerden auch ein Geduldigerwerden, aber im Moment, das schien ihm eindeutig, war er noch nicht so weit.

Auch all die anderen Tätigkeiten verlockten ihn nicht, sosehr er Menschen bewunderte, die darin aufgingen. Aber Vereine, Wohltätigkeitsorganisationen, Komitees, Stiftungen hatten auf ihn niemals eine besonders anziehende Wirkung gehabt. Der einzige Verein, dem er jemals, und das schon im Alter von zehn Jahren, beigetreten war, das war der Deutsche Alpenverein.

Am ehesten, dachte Hecker, könnte er sich noch eine Funktion in einer politischen Partei vorstellen. Nicht gerade an vorderster Front, er war sein Leben lang kein besonders brillanter Redner gewesen, der andere mitzureißen vermochte. Aber womöglich gab es ja Bedarf an seinem Wissen, das er in den vielen Jahren als Politikjournalist angesammelt hatte. Allerdings hatte Hecker gerade in der letzten Zeit das Interesse an den Parteien ein wenig verloren. Keine einzige gab es mittlerweile, mit der er sich ganz und gar identifizieren konnte. Früher war das anders gewesen. Zu Beginn der siebziger Jahre hatte er Willy Brandts Ostpolitik bewundert, in den Achtzigern das Aufkommen der Grünen mit Sympathie begleitet. Aber nun fühlte er eine politische Heimatlosigkeit, und vielleicht war es nicht das allein, vielleicht war es Politikmüdigkeit. Nirgendwo sah er Aufbrüche, Verheißungen, die ihn begeistert hätten, nein, ein später Politiker würde aus ihm wohl nicht mehr werden.

Auch mit den anderen Betätigungen, die Hecker für seine Rentnerzukunft fand, tat er sich schwer. Wobei er staunte, was da im Internet angeboten wurde. Jobs für Ruheständler schienen ein florierender Markt zu sein. Von den 20,6 Millionen Rentnern, die es in Deutschland derzeit gibt, gehen immerhin etwa 800 000 einer bezahlten Arbeit nach – oder müssen ihr nachgehen, um ihre schmalen Bezüge aufzustocken. Besonders angetan hatte es Hecker das Internetportal rentarentner.de. In allen möglichen Bereichen können dort Menschen ab fünfzig ihre Dienste anbieten, ihr Wissen, ihre Erfahrung, ihre Arbeitskraft. «Zu gut für den Ruhestand» lautet der Slogan dieser Adresse, die sich äußerst seniorengerecht gibt, mit größeren Lettern als auf anderen Seiten im Netz und säuberlich nach Berufsfeldern sortiert. Vermögensberatung, Fremdsprachen- und Musikunterricht, Hilfe bei der Steuererklärung oder beim Dachdecken – nichts offenbar, für das es keinen Bedarf gab. Selbst die Sparte Journalismus fand Hecker und war amüsiert. Vielleicht, dachte er, suchen die Leute, die ihnen Reden für Geburtstage oder Hochzeiten schreiben oder für Beerdigungen. Wahrscheinlich eher für Beerdigungen.

Noch kurioser fand er, welche Unterhaltungsangebote für Rentner im Internet zu finden waren. Seniorenreisen, Seniorentanzkurse, Seniorenwandergruppen, Malen für Senioren und Gärtnern, Studiengänge für Senioren – immerhin 30 000 Rentner trieb es zurzeit an die Universitäten –, Bastelnachmittage und Abende für Karten- und Würfelspiele, Computerkurse für Silversurfer und Senioren-Musik mit Alleinunterhalter Norbert. Hecker schüttelte sich vor Lachen und fand es zum Heulen.

Die Alten, dachte er, werden behandelt wie kleine Kinder. Vielleicht war das nicht falsch, vielleicht waren manche wirklich so. Hecker wollte es nicht werden.

Wozu dienten all diese Angebote? Zum Zeitvertreib natürlich. Aber Hecker wollte seine Zeit nicht vertreiben. Man vertreibt Mücken, möglicherweise sogar Gespenster. Aber doch nicht die Zeit! Das Kostbarste, was es gab und das in seiner Begrenztheit doppelt und dreifach kostbar war. Manche sagen statt Zeit vertreiben Zeit totschlagen. Offenbar, dachte Hecker, war die Zeit ein Feind. Zumindest das Übermaß an Zeit. Wer die Zeit totschlägt, der schlägt sich selber tot, dachte er. Aber auf einmal musste er wieder lachen. Er hatte an den Alleinunterhalter Norbert und seine Senioren-Musik gedacht.

Ohnehin schien die Existenz von Rentnern eine ziemlich lustige Angelegenheit zu sein. Hecker, wieder einmal im Internet, gab bei Amazon das Suchwort «Ruhestand» ein und erzielte nicht nur die staunenswerte Zahl von 1058 Buch-Treffern, sondern erfuhr, dass es dabei eine Unsumme von Titeln aus der Spaßliteratur gab. So entdeckte er «Das kleine Schmunzelbuch für den (Un-)Ruhestand» oder «Lustig ist das Rentner-Leben» oder «Oldies sind Goldies» oder «Oppa was a Rolling Stone» oder «Mein letztes schwarzes Haar» sowie den etwas rätselhaften Band «Clubausweis der Alten Säcke». Wahrscheinlich waren das die Bücher, die wohlmeinende Kollegen bei Abschiedsfeiern in Betrieben den angehenden Rentnern schenken. Wie viel Not, dachte Hecker, muss hinter all dieser Heiterkeit stecken.

Mit den Büchern zum Ruhestand hatte es ohnedies seine ganz eigene Bewandtnis. Die allermeisten zählten zur Kategorie Ratgeber. Als Ratloser, der er war, kaufte Hecker einige davon, las und kam aus dem Staunen gar nicht mehr heraus. Man wolle ihn nun, stand da zum Beispiel, mit dem «Traum-Ruhestand» bekannt machen, denn vor ihm liege «ein faszinierender Lebensabschnitt». Hecker, an allem Faszinierenden selbstredend interessiert, wollte nun wissen, wie dieses Rentnerglück denn zu erreichen sei. Er erfuhr, dass man «das eigene Potenzial auf kreative Weise neu entdecken» müsse und dass es gelte, «nicht stehen zu bleiben» und «mit dem Lernen niemals aufzuhören». Dazu müsse man hauptsächlich um gute Gesundheit, richtige Ernährung und viel Sport bemüht sein, dann werde man, so viel sei gewiss, «mit viel Elan den neuen Alltag gestalten». Denn «nach dem Job fängt das Leben erst richtig an».

Hecker war nicht entsetzt, nachdem er das gelesen hatte, er war wütend. Das geschah selten bei ihm, er war ein Spötter, ein Meckerer und manchmal ein kleiner Zyniker, aber wirklich in Zorn geriet er nicht oft. Doch jetzt tobte er: diese grauenvolle Ansammlung von Banalitäten und Allgemeinplätzen der billigsten Sorte, diese Schönredner, die vor das Wort «Ruhestand» geradezu zwanghaft das Wort «wohlverdient» setzten. Die einem Ratschläge versprachen und nichts anderes zu bieten hatten als den erbärmlichsten Psychokitsch. Hecker konnte kaum an sich halten. Am schlimmsten fand er, dass in diesen Büchern die Rentner und ihre möglichen Ruhestandsprobleme in keinem Moment ernst genommen wurden. Sie wurden lediglich eingelullt.

Vielleicht ist das ja ein Vorgeschmack auf künftige Zeiten, dachte er. Wenn schon wir 65-Jährige nicht ernst genommen werden, um wie viel mehr werden dann die Hochbetagten darunter zu leiden haben. Hecker erinnerte sich an deprimierende Berichte, die er über Zustände in Alten- und Pflegeheimen gelesen hatte. Obwohl sie seit vielen Jahren bekannt waren, änderte sich daran nichts. Jede Bundesregierung, egal welcher Couleur, kündigte eine «große Pflegereform» an. Und jede knickte ein, die Pflegelobby war offenbar stärker. Genau das war es, dachte Hecker, Lobby! Wir Alten haben keine Lobby. Obwohl wir doch so viele sind und bald die stärkste Gruppe der Gesellschaft sein werden. Und dennoch haben wir nichts zu sagen. Wahrscheinlich, dachte er, weil Alter nicht sexy ist. Er war immer noch erzürnt.

Nach und nach fasste er sich und begann nachzudenken. Woher kommt der offenkundig massenhafte Bedarf an solchen Büchern? Die Antwort schien ihm so traurig wie simpel: Diese Bücher waren Mutmacher, bedienten ein Bedürfnis, das aus einer Verzagtheit, einer Not heraus entstanden war. Diese Bücher waren Erbauungsliteratur, Trostspender. Dienten zur Beruhigung, Sedativa gegen Sorgen, Ängste, Verzweiflung. Ist doch alles nicht so schlimm. Aber wenn dieser Satz fiel, das hatte Hecker gelernt, dann war es meistens wirklich schlimm. Und er erinnerte sich an den Kollegen damals bei der Rentner-Einladung. «Nirgendwo wird so viel gelogen wie beim Thema Ruhestand», hatte der gesagt. Vielleicht war Hecker mit seiner Angst vor der Rente doch nicht so allein.

Am Ende aller seiner Überlegungen und seiner Recherchen, seiner Buchlektüren und Internetsuchen stand schließlich ein mageres Ergebnis. Im Grunde hatte Hecker immer noch nicht die geringste Idee, was er mit der neuen Zeit, die auf ihn zukam, anfangen sollte.

Er fasste das Ergebnis zusammen.

Täglich: einkaufen und kochen.

Zweimal pro Woche: Fitness-Studio wie bisher.

Einmal alle zwei Wochen: Zeitungsartikel schreiben.

Das war wenig. Das war nichts.

So würde sein Ruhestand, wie wohlverdient er auch immer sein mochte, ein Stillstand sein. Aber Hecker hatte nichts gefunden, was ihm gefallen hätte. Und zugleich wusste er, dass er sich vor etwas drückte. Aber er konnte nicht anders.

FEHL AM PLATZ

Noch 68 Tage bis zum Ruhestand.
Hecker geht ins Büro, aber seine Arbeit trägt schon
die Zeichen des Endes

Neuerdings stand Hecker im Badezimmer oft lange vor dem Spiegel. Betrachtete sein Gesicht und suchte nach den Zeichen der Zeit. Die Ohren, hatte er gehört, werden im Alter größer, die Ohrläppchen verlängern sich. Noch kein ernsthafter Befund, konstatierte er erfreut, mit den Ohren schien alles in Ordnung zu sein. Nur wuchsen Haare darauf, Hecker hatte dafür ein spezielles Schneidegerät angeschafft. Ansonsten war er weitgehend zufrieden mit seinem Erscheinungsbild. Natürlich, Falten über Falten, aber Hecker nahm sie als Zeichen eines bewegten Lebens, Charakterkopf, kein Milchgesicht eben. Am Hals war die Haut verknittert und lappig geworden, aber es störte ihn nicht weiter, Truthahn Hecker, lachte er sich aus. An den Armen, besonders an den Ellenbogen, war sie dünn und schrundig, wie man sie von Greisen kennt, Pergamenthaut.

Dennoch, die Haare zeigten kaum Grau. Sie waren braun wie immer, hatten höchstens ein paar bleiche

Stellen an Schläfen und Koteletten, waren noch voll und keineswegs schütter. Kein 65-jähriges Gesicht, stellte Hecker mit einem gewissen Wohlwollen seinem Spiegelbild gegenüber fest. 54 vielleicht, dachte er, wohl wissend, dass er in diesem Moment genau das tat, was Männer in seinem Alter tun: Sie bilden sich ein, neun oder zehn Jahre jünger auszusehen, als sie wirklich sind. Das hatte eine Studie ergeben. Aber bei mir ist das tatsächlich so, glaubte Hecker trotzig. Den Greis, der er einmal sein würde, erkannte er nicht.

Jedenfalls schien er weit entfernt von jenem Bildnis des Alters zu sein, das Simone de Beauvoir in ihrem Buch «Das Alter» vor mehr als 40 Jahren gezeichnet hatte. Hecker hatte es vor längerer Zeit gelesen und damals über die drastischen Schilderungen des Älterwerdens gelacht. Kürzlich hatte er es wieder zur Hand genommen, und diesmal hatte er es nicht mehr lustig gefunden. Durch den Verlust von Zähnen, hieß es da, verkürze sich die untere Gesichtshälfte, sodass die Nase dem Kinn näher komme. Die Alterswucherung der Haut führe zu einer Verdickung der Augenlider, während unter den Augen Tränensäcke entstünden. Hecker lief sofort wieder zum Spiegel. Entwarnung, dachte er, das mit den Tränensäcken hielt sich in Grenzen. Aber Simone de Beauvoir gab nicht nach: «Auch das Skelett verändert sich. Die Bandscheiben der Wirbelsäule werden zusammengedrückt, und die Wirbelkörper senken sich. Zwischen 45 und 85 Jahren verkürzt sich der Oberkörper bei Männern um zehn, bei Frauen um 15 Zentimeter.»

Das hatte Hecker bei sich in der Tat schmerzlich feststellen müssen. Die Natur hatte ihn ohnehin mit einer wenig eindrucksvollen Körpergröße ausgestattet, und nun diese Altersschrumpfung, zwar keine zehn Zentimeter, aber was nicht ist, konnte ja noch werden. Immerhin war es bei ihm nicht zu jenen Abgründen der Altershässlichkeit gekommen, wie sie der römische Satiriker Juvenal im ersten Jahrhundert nach Christus beschrieben hatte. Hecker hatte in letzter Zeit immer weiter nach Beschreibungen des Alterns gesucht und war dabei auf diese Stelle gestoßen: «Die Alten sind alle gleich; ihre Stimme zittert, wie ihnen die Glieder zittern; kein Haar wächst mehr auf dem kahlen Schädel; ihre Nase ist feucht wie bei kleinen Kindern. Sein Brot kann der arme Alte nur mit zahnlosem Kiefer zermalmen. Er ist seiner Frau, seinen Kindern und sich selbst dermaßen zur Last, dass er sogar einen Erbschleicher abstoßen würde. Sein abgestumpfter Gaumen erlaubt ihm nicht mehr wie früher, Weine und Speisen zu genießen. Was die Liebe betrifft, so hat er sie schon seit geraumer Zeit vergessen …»

Oft las Hecker aber auch von der Schönheit des Alters, und er musste zugeben, dass daran manchmal etwas war. Er kannte diese imposanten Gesichter, aus denen alle Wahrheiten eines gelebten Lebens zu sprechen schienen, die Falten, die eher vom Lachen als vom

Weinen kamen. Die Augen, die so viel gesehen hatten und darum so viel wussten. Es gab sie, er kannte sie, aber er sah diese Schönheit nicht oft. Die Wahrheit war: Es gab eine Hässlichkeit des Alters. Sie war die Regel, fand er, und nicht die Ausnahme.

So gesehen, war Hecker nicht unzufrieden mit sich. Allerdings bemerkte er nun, da das Rekruten-Maßband seiner verbleibenden Berufstage mittlerweile bedenklich kurz geworden war und bei 68 stand, eine ganz andere Alterserscheinung an sich. Sie hatte mit seiner Arbeit zu tun.

Eigentlich hatten sich seine Tage im Büro nicht verändert, er arbeitete, wie er seit 40 Jahren gearbeitet hatte, traf zwischen neun und halb zehn ein, aß mittags mit den Kolleginnen der Art Direction in der Kantine, trank danach die letzte Tasse Kaffee des Tages, einen Espresso, natürlich schwarz, so viel Tribut an seine Italienliebe musste sein. Er redigierte Texte, dachte sich Überschriften aus, bestellte Bilder in der Fotoredaktion, telefonierte mit Autoren. Verließ die Redaktion dann in der Regel gegen 19 Uhr, und wenn es sein musste, auch ein oder zwei Stunden später. Alltag wie immer, nichts deutete darauf hin, dass er in gut zwei Monaten nicht mehr auf dem Stuhl sitzen würde, auf dem er immer gesessen hatte.

Hecker sah die Zeichen des Endes dennoch. Zuerst stellte er fest, dass die meisten seiner Kollegen ausgesucht freundlich zu ihm waren, kaum mehr Kritik äußerten, wie es sonst in diesem Beruf gang und gäbe war. Manchmal war Hecker die Heftigkeit der Kritik übertrieben vorgekommen, allzu rustikal im Ton. Aber er hatte sich immer getröstet: In vielen Berufen ging es im Alltag gewiss noch viel rauer zu. Weshalb er sich immer vornahm, nicht überempfindlich zu sein. Jetzt aber war von diesem Ton nichts mehr zu hören, alle waren ausgesucht höflich zu ihm. Altersdiskriminierung durch Höflichkeit, dachte Hecker und lachte ein wenig darüber. Aber es war nicht zum Lachen, es fühlte sich an, als wäre er in Watte gepackt.

Sie nehmen dich nicht mehr ernst, dachte er, sie beteiligen dich nicht mehr an den Konflikten. Schonzeit für Hecker. Lohnt sich nicht mehr, mit dem Alten zu streiten, ist demnächst sowieso weg. Oder bin ich schon paranoid?, fragte er sich. Vielleicht sehe ich Gespenster, vielleicht meinen sie das gar nicht so, vielleicht gab es wirklich keine besonderen Konflikte in letzter Zeit. Hecker staunte über seine Empfindlichkeit, er hatte etwas anderes von sich erwartet: stille Größe des Alters, entspanntes Stehen über den Dingen. Irgendwie wollte das nicht recht funktionieren. Er stand nicht über den Dingen, die Dinge standen über ihm.

Besonders deutlich wurde das bei jener Konferenz, zu der die Chefredaktion einen kleinen Kreis von Kollegen eingeladen hatte und bei der einige Zukunftsprojekte besprochen werden sollten. Der Zeitschrift ging es – wie den meisten anderen Printprodukten auch – seit geraumer Zeit nicht gut. Bröckelnde Auflage, dramatische Einbrüche im Anzeigengeschäft, da war Phantasie gefragt, da mussten neue Ideen für die neuen Zeiten her. Aber die neuen Zeiten waren keine Hecker-Zeiten. Er war zur Konferenz nicht eingeladen worden.

Ich bin noch dabei, dachte er, aber ich beginne, nicht mehr dazuzugehören.

Dann war da noch die Geschichte mit den Urlaubsplänen. Die Kollegen setzten sich in ihren jeweiligen Abteilungen zusammen, um Ferien und sonstige Abwesenheiten zu koordinieren. Gewöhnlich geschah das zweimal im Jahr, immer für sechs Monate im Voraus. Mit Hecker sprachen sie diesmal nicht. Er war aus den Plänen gefallen. Warum sollte man mit einem Urlaubstermine besprechen, der demnächst immer Urlaub hat? Hecker verstand das. Aber hatte ihn eigentlich je einer gefragt, ob er immer Urlaub haben wollte?

Hecker ging es nicht gut in diesen Wochen. Er spulte sein Arbeitspensum herunter wie eh und je. Aber er fühlte, wie er langsam unbeweglicher wurde, mehr und mehr erstarrte. In den Redaktionskonferenzen hielt er sich mit Beiträgen zurück. Warum soll ich noch groß Ideen entwickeln, fragte er sich, ich bin ja gar nicht mehr da, wenn sie umgesetzt werden. Warum soll ich mich noch mit Autoren treffen und mit ihnen Themen ersinnen, die erst in einem halben Jahr Realität werden? Dabei war genau das seit jeher seine Lieblingsbeschäftigung gewesen. Er wurde von den Autoren geschätzt, weil in diesen Gesprächen ein besonderes Klima der Kreativität entstand. Das, dachte Hecker, geht jetzt auch zu Ende. Er fand es bitter. Der Verlust der Arbeit war ja viel mehr als ein Arbeitsverlust. Er würde auch ein Verlust von Menschen sein. Die Kontakte, die sich bisher wie selbstverständlich aus der Zusammenarbeit ergeben hatten, würden wohl abbrechen. Er machte sich keine Illusionen.

Oder war das, was ihn so verstörte, gar der absehbare Verlust von Macht? Hecker glaubte es nicht. Er hatte nie ein besonders inniges Verhältnis zur Macht unterhalten, keine Führungspositionen angestrebt, hatte alles Autoritäre gehasst und immer Wert darauf gelegt, seinen Autoren ohne Unterschiede des Rangs zu begegnen, auch wenn er am Ende die Entscheidungen über Texte und Themen treffen musste. Hecker überlegte, ob es wirklich so einfach war. Ob er es nicht doch genossen hatte, diese letzte Entscheidungsinstanz zu sein. Und ob es nicht eine besonders subtile Form der Machtausübung war, so zu tun, als hätte man gar keine Macht und wollte keine haben. Hecker fand den Gedanken irritierend. Niemals hatte er sich als Machtmenschen gesehen.

Bald gab es wieder eine Konferenz. Diesmal sollte es um die beiden Landtagswahlen gehen, die in diesem Jahr noch bevorstanden. Welche Politiker da zu porträtieren seien, welche Programme zu analysieren. Hecker erschien gewohnheitsmäßig auf der Konferenz.

Und dann fiel ihm ein, dass diese Wahlen erst nach dem Ende seiner Dienstzeit stattfinden würden. Er fühlte sich fehl am Platz. Wie ein Politiker, der noch im Amt ist, aber im Grunde nichts mehr zu entscheiden hat. Lame Duck.

Das Ende hat längst angefangen, dachte er. Begonnen, ehe es begann.

Er dachte weiter: Vielleicht nützt mir das, auch wenn es mir schwerfällt, vielleicht öffnet mir das jetzt schon die Augen, damit es dann, wenn es wirklich so weit ist, nicht mehr so weh tut. Denn die Botschaft, die Hecker vernahm, war unmissverständlich: Wir brauchen dich nicht, wir können es auch ohne dich.

Nicht, dass sich Hecker für unersetzlich gehalten hätte, beileibe nicht. Unersetzlich ist fast keiner. Aber musste man ihm das so deutlich mitteilen?

Der Ruhestand kommt, dachte er, und er ist das Selbstverständliche, kaum etwas anderes ist so erwartbar, berechenbar – im Wortsinn. Und ich tue so, als wäre er eine Überraschung.

Hecker, nun tief in den Fahrwassern des Selbstmitleids, fragte sich, ob ihn sein Spiegelbild getrogen haben könnte. Gab es etwa Zeichen seines Alters, die er nicht wahrnahm? Hatten ihn die Jahre doch entstellt? War er langsamer geworden als früher, langsamer besonders im Denken? Nicht mehr so wach? Vergesslich? Unaufmerksam? Bewegte er sich wie ein Greis? Drohte er beim Fahrradfahren vom Sattel zu kippen?

Am Steuer seines Autos Massaker an Fußgängern an-
zurichten? Bekamen Kinder Angst vor seinem Greisen-
gesicht? Mutierte er zum Monster? Dem die Ohren auf
die Schultern hängen?

DIE QUITTUNG

Hecker bekommt seinen Rentenbescheid:
1180 Euro brutto. Er ist entsetzt und gehört dennoch
zu den Privilegierten

Hecker hatte Post bekommen. Es war ein großer Umschlag, DIN A4, und auf diesem Umschlag stand Deutsche Rentenversicherung Berlin-Brandenburg. Hecker hatte gewusst, dass der Brief in diesen Tagen und Wochen eintreffen würde. Dennoch war er nervös, als er das Kuvert öffnete. Der Rentenbescheid. Jetzt war der Moment gekommen, in dem er definitiv erfahren sollte, wie viel ihm in Zukunft jeden Monat zum Leben bleiben würde. Die Zahl stand gleich auf der ersten Seite. Es war eine beunruhigende Zahl.

Aber Hecker war völlig unfähig, sich mit ihr auseinanderzusetzen, zunächst jedenfalls. Denn beim Blättern in den Papieren, die der Umschlag enthielt, fand er etwas noch viel Beunruhigenderes. Ganz am Ende, in einer der Anlagen zum Bescheid, fand sich auf einem Blatt ein rechteckiges Kästchen von der Größe einer Kreditkarte und daneben die Aufforderung, er möge dieses Rechteck ausschneiden. Darauf stand: Ausweis für Rentnerinnen und Rentner. Nur gültig in Verbindung mit einem amtlichen Lichtbildausweis. Pensioner's card. Carte de retraité. Gültig ab 1. Oktober. Hecker betrachtete das Papier unverwandt.

Das war es also. Das Dokument der amtlich bescheinigten Endgültigkeit. Zur Vorlage für verbilligte Eintrittskarten in manchen Theatern, Museen oder im Fußballstadion. Der Ausweis seines zukünftigen Status. Früher, ganz früher, hatte er einen Kinderausweis besessen, dann einen Personalausweis und jetzt eben einen Rentnerausweis. Eine wirkliche Person war man offenbar nur in der Mitte des Lebens, an den Rändern eher nicht. Er sah mit finsterem Blick darauf. Ausweis! Was für ein unangenehmes Wort. Hecker fühlte sich ausgewiesen.

Sentimentalitäten!, schalt er sich. Und starrte doch immer wieder auf dieses kleine Stück Papier. Sehr nüchtern, so schmucklos wie die Wirklichkeit. Er hatte noch nie zuvor einen Rentnerausweis gesehen.

Er kehrte nun zur ersten Seite des Bescheids zurück, zu dieser Zahl. Sie lautete 1180, gemeint waren Euro. Gemeint war die Summe, die die Deutsche Rentenversicherung ihm monatlich auszuzahlen gedachte. 1180 Euro. 40 Jahre habe ich gearbeitet, dachte Hecker, ohne Unterbrechungen. Und jetzt nur 1180 Euro. Es war ein Bruttobetrag. Davon würden noch die Beiträge für Krankenkasse und Pflegeversicherung abgehen, etwa 120 Euro im Monat. Machte netto 1060.

Natürlich war das keine wirkliche Überraschung. Schließlich hatte er in der Vergangenheit immer wieder Post von der Rentenversicherung bekommen, Standmitteilungen, die ihn auf das Finanzdebakel vorbereitet hatten. Aber die waren stets im Konjunktiv gehalten. Wenn Sie bis zu Ihrem 65. Lebensjahr arbeiten würden, ergäbe sich nach jetzigem Stand eine voraussichtliche monatliche Auszahlung … Und daneben waren rätselhafte Zahlenkolonnen mit Verlaufszeiten seiner bisherigen Arbeitsstellen und kryptische Berechnungen von Rentenpunkten. Hecker hatte ihnen und den Konjunktiven nie besondere Beachtung geschenkt. Aber seit heute war Indikativ.

Es war ihm immer klar gewesen, dass seine Rente trotz der langen Arbeitsdauer nicht hoch ausfallen würde. Schließlich hatte das Gericht bei der Scheidung von seiner ersten Frau einen sogenannten Versorgungsausgleich vorgenommen und ihr einen Teil seiner Rente zugeschlagen. Hecker hatte das immer für gerecht gehalten. Sie hatte einige Jahre mit der Arbeit ausgesetzt, als die Kinder klein waren. Sie sollte dafür nicht bestraft werden, fand er.

Dennoch, 1180 Euro vor Abzügen. Das wäre bitter gewesen, hätte Hecker nicht sein Journalistenleben lang in eine Berufskasse, das Versorgungswerk der Presse, eingezahlt. Das war in manchen Jahren leider, wie er jetzt bedauerte, nicht allzu viel gewesen, aber es garantierte doch, dass er zu seinen kargen Rentenbezügen pro Monat noch ungefähr 400 Euro bekam, allerdings würden auch hiervon noch einmal Beiträge für die Krankenkasse abgehen, etwa 260 Euro. Viel würde also nicht übrig bleiben. Dennoch gehörte Hecker mit seinen Monatseinkünften noch zur bessergestellten Hälfte der Bevölkerung. Und das, dachte er, ist eigentlich ein Skandal. Nicht dass meine Rente so klein ist, sondern dass ich mit dieser kleinen Rente schon ein Privilegierter bin.

Trotzdem, leicht würde das Leben vom 1. Oktober an nicht werden. Zumal auch Franziska keine Reichtümer verdiente. Die Übersetzungsgeschäfte gingen sehr unterschiedlich, es gab gute Monate mit genügend Aufträgen, aber oft auch sehr schlechte. Eines war jedenfalls unabweisbar: Sie würden sich einschränken müssen. Der größte Ausgabenklotz früherer Jahre war immerhin weggefallen: Max und Paula, die Kinder, brauchten keine Unterstützung mehr, sie verdienten ihr eigenes Geld. Aber im Hecker-Haushalt gab es doch einige Posten, über die nun verschärft nachgedacht werden musste. In seinem Kopf entstand so etwas wie eine Streichliste. An erster Stelle: die Putzfrau. Sie kam zwar nur einmal die Woche für drei Stunden, aber das summierte sich im Monat dann doch auf 140 Euro. Werde ich mir nicht mehr leisten können, dachte Hecker, und er fühlte sich sofort schlecht bei dem Gedanken. Die Putzhilfe kam seit vielen, vielen Jahren zu ihm, hatte die Blumen gegossen und den

Briefkasten geleert, wenn er und Franziska in Urlaub fuhren, es war beinahe so etwas wie ein familiäres Verhältnis entstanden in der langen Zeit. Die Trennung würde ihm schwerfallen, er kam sich herzlos vor. Aber was half es, er würde jetzt ja genügend Zeit haben, das selbst zu erledigen. Widerwillen stieg in ihm auf, von allen Hausarbeiten hatte er das Putzen immer am meisten gehasst. Aber gut, dachte er, Hecker Hausmann, Hecker Putzmann.

Was gab es noch? Natürlich, das Weinregal im Keller. Was da lagerte, hatte seinen Preis. Nicht, dass Hecker sich an Premier Crus aus dem Bordeaux versündigt hätte, in solche Höhen ging es bei weitem nicht. Warum man für Weine Hunderte von Euro ausgeben sollte, war Hecker immer ein Rätsel gewesen. Leute, die so viel dafür bezahlten, hielt er für protzige Banausen. Er wusste, wo für viel weniger Geld die wundersamsten Flaschen zu erstehen waren. Weniger Geld allerdings war immer noch relativ viel Geld. Hecker begriff, dass er an seiner Einkaufspolitik etwas ändern musste, hier gab es einiges zu sparen.

Noch etwas? Sein alter Citroën natürlich. Hecker fuhr gerne mit dem Fahrrad, aber an Regentagen und im Winter war er doch froh über das Auto. Es würde ihm schwerfallen, sich davon zu trennen. Aber er kam wohl nicht darum herum.

Wahrscheinlich würde er auch die Zeitungsabos kündigen müssen. Drei Tageszeitungen waren für einen Rentner nun wirklich viel, das lokale Blatt muss reichen, dachte er.

Dann beschloss Hecker, seine Spendentätigkeit zu beenden. Die Zuwendungen für Amnesty International und für ein Kulturhaus in München, wo er einst studiert hatte, würden wohl dran glauben müssen. Auch das ging ihm gegen den Strich. Ein bisschen etwas von dem, was er verdiente, zu spenden war ihm immer ein wichtiges Prinzip gewesen. Sollte damit wirklich Schluss sein?

Auch die Reisen, die er mit Franziska gemacht hatte, würde er sich in Zukunft nicht mehr leisten können. Denn in den vergangenen Jahren, gestand sich Hecker ein, hatten sie dem in ihnen schlummernden Hang zum Luxus allzu bereitwillig nachgegeben. Hatten oft in ausgesuchten, also nicht billigen Hotels gewohnt, wobei sie Franziskas Talent, im Internet besondere Sparangebote zu finden, vor dem Schlimmsten bewahrte. Die Restaurantbesuche im Urlaub, abends immer, mittags manchmal, schlugen ebenfalls ordentlich zu Buche. Auch im Berliner Alltag war Hecker abends gern zum Essen ausgegangen, hatte es sich zur Gewohnheit gemacht, andere oft und großzügig einzuladen. Damit würde es nun wohl ein Ende haben. Alter macht geizig, dachte Hecker. Dennoch befahl er sich streng: Kosten runterfahren, so etwas haben wir früher schließlich auch nicht gemacht.

Runterfahren, runterfahren, soll ich mein ganzes Leben runterfahren?

In diesem Geist des Widerspruchs wurde Hecker klar, was er nie und nimmer aufgeben würde: seine Wohnung. Weil es eine Traumwohnung war. Franziska hatte sie entdeckt, vor 13 Jahren, war sofort vernarrt in sie gewesen, und Hecker hatte ihre Narrheit geteilt. Altbau, drei Zimmer, direkt an der Spree. Eigentlich fand Hecker die Spree keinen schönen Fluss, meist von undefinierbarer, etwas bräunlicher Farbe und recht besehen gar kein echter Fluss, eher ein Gewässer, fast stehend zumeist. Aber vom Balkon der Wohnung konnte man den Schiffen beim Vorbeifahren zusehen, der Tiergarten, der große Park, lag nebenan; grün überall und doch so zentral wie kaum ein anderer Fleck in der Stadt.

Gut tausend Euro bezahlten Hecker und Franziska dafür im Monat, Warmmiete, Strom und Gas kamen noch hinzu. Ungefähr so viel wie meine Rente, dachte er. Ausgeschlossen also, auf Dauer hierzubleiben. Aber diese Wohnung, Hecker beharrte darauf, war unverzichtbar, sie gehörte zu ihm und zu Franziska – wie ihr Name an der Tür, hatte Hecker gerade heimlich gedacht. Es war ihm nicht einmal peinlich. Aber wie sollten sie die Wohnung halten können?

Wobei er zugeben musste, dass er an der Altersfinanzmisere nicht unschuldig war. Weil er sich nicht ernsthaft gekümmert hatte. Sein ganzes Leben nicht. Für seine jungen Jahre war das ja verständlich. Wer denkt schon an Altersvorsorge, wenn er zwanzig ist oder dreißig? Hecker fand diejenigen, die sich schon in der Jugend für ihr Wohlergehen im Alter interessierten, immer seltsam. Was für eine Lebensangst mochte da dahinterstecken? Frühe Greise, schimpfte er. Kluge frühe Greise, widersprach er sich. Jedenfalls klüger als er. Um nichts hatte er sich gekümmert, keine Lebensversicherung, keine Aktien, keine Rücklagen, nicht einmal ein Sparbuch. Hatte, was er bekam, ausgegeben, als ob es kein Morgen gäbe.

Jetzt habe ich die Quittung dafür bekommen, dachte er. Der einzige Vorteil, den er im Ruhestand sah, der Gewinn an Freizeit, schien sich in Luft aufzulösen. Er hatte gar nicht die Mittel, diese Freizeit zu genießen. Er war ein miserabler Lebensplaner.

Zugleich wusste er, dass das Klagen auf hohem Niveau waren. Für viele seiner Ruhestandsgenossen musste der Moment, da sie ihren Rentenbescheid in Händen hielten, ein ungleich hässlicheres Erlebnis gewesen sein, ein Schock. Denn ihre monatlichen Bezüge bestanden allzu oft nur aus einer Zahl mit drei Ziffern. Die Hälfte aller Rentner in Deutschland bekommt – statistisch gesehen – weniger als 700 Euro im Monat. Das ist ungefähr die Höhe der Grundsicherung, die alle erhalten, egal ob sie in einem versicherungspflichtigen Arbeitsverhältnis waren oder nicht. Sie beträgt zurzeit inklusive Miet- und Heizkostenzuschuss knapp 700 Euro, die Höhe differiert je nach Region, die Lebenshaltungskosten in Düsseldorf zum Beispiel unterscheiden sich von denen im Bayerischen Wald erheblich. Viele Rentner bekommen sogar weniger als 500 Euro, einige sogar unter 300 Euro. Eine Statistik, die allerdings ihre Tücken hat. Weil darin auch Kleinstrenten enthalten sind, die durch kurzfristige rentenversicherungspflichtige Beschäftigungen entstanden sind, Leute zum Beispiel, die eine Lehre gemacht, dann aber einen anderen Beruf ergriffen hatten, etwa als Selbständige, bei dem sie nicht mehr in die Rentenkasse einzahlten. So gibt es, als Kuriosum am Rande, derzeit fast 60 000 Personen in Deutschland, die aus alten Ansprüchen eine Monatsrente von weniger als 25 Euro beziehen. Auch die gehen in die Statistik ein.

Deshalb ist die Lage nicht ganz so dramatisch, wie die Zahlen zunächst glauben machen. Dennoch kann kein Zweifel daran bestehen, dass der Renteneintritt auch die Gefahr des Eintritts in die Armut birgt. So wird dieses Datum für viele zu einer doppelten Lebenszäsur: Nicht nur ihr seit Jahrzehnten gewohnter Alltag verändert sich, sondern für die meisten auch ihre finanzielle Situation. Es ist also kein Wunder, dass die Rente eines der großen Streitthemen ist, nicht nur in Wahlkämpfen, nicht nur an Stammtischen. Der berühmte Satz des früheren Arbeits- und Sozialministers Norbert Blüm «Die Rente ist sicher», den er jahrelang wie ein Sedativum gesellschaftlicher Ängste wiederholte, ist heute fragwürdig wie noch nie in der Geschichte der Alterssicherung geworden.

Begonnen hatte diese Geschichte im 17. Jahrhundert, für die Soldaten stehender Heere wurden erste Pensionskassen eingeführt, in deren Genuss allerdings nur wenige kamen. Denn die meisten erreichten das Alter nicht, in dem sie sich aus dem Beruf hätten verabschieden können. Im 18. Jahrhundert wurden solche Sicherungssysteme auf Angehörige staatlicher Verwaltungen ausgeweitet, und der 22. Juni 1889 war dann der Geburtstag der Rentenversicherung in Deutschland. Unter Reichskanzler Otto von Bismarck wurde das Gesetz zur Invaliditäts- und Altersversicherung erlassen. Wer mindestens 40 Jahre gearbeitet hatte, bekam ab dem 70. Lebensjahr erstmals eine staatlich garantierte Rente. Allerdings profitierten wegen der geringen Lebenserwartung auch hier nur die allerwenigsten von diesen Leistungen. Selbst als das Eintrittsalter 1916 auf 65 gesenkt wurde, erhielten nur 4,4 Prozent der Bevölkerung Altersbezüge. Nach dem Ersten Weltkrieg wurden das zwar ein paar mehr, aber bald darauf geriet die Rente in Turbulenzen. In der Folge der Weltwirtschaftskrise zwischen 1930 und 1932 mussten die Leistungen zurückgefahren werden. Im Prinzip blieb die Rente auch in den nächsten Jahren nur eine Zuschussleistung, die den Lebensunterhalt bei weitem nicht garantieren konnte. Wer es vermochte, arbeitete bis zu seinem Tod, oder er musste sich von Angehörigen als «nutzloser Esser» durchfüttern lassen.

1957, unter Konrad Adenauer, änderte sich das

grundsätzlich. Zuvor war die Rentenversicherung kapitalgedeckt gewesen, jetzt wurde das Umlagesystem eingeführt: Nach dem sogenannten Generationenvertrag zahlen die Jüngeren, die in Arbeit sind, für die Alten, die aus dem Erwerbsleben ausgeschieden sind. Auch der Begriff der «dynamischen Rente» wurde damals erfunden, ihre Höhe war ab jetzt an die allgemeine Einkommensentwicklung gekoppelt. Die Ruhestandsgehälter waren nun so etwas wie ein tatsächlicher Lohnersatz. Er lag bei etwa 70 Prozent der früheren Monatsbezüge. Damit ließ sich der Lebensunterhalt bestreiten, da im Alter in aller Regel einige Kosten wegfallen, vor allem die für den Unterhalt der Kinder. Auch Aufwendungen für die Altersvorsorge, etwa für eine Lebensversicherung, müssen nicht mehr geleistet werden.

Den Rentnern ging es fortan recht gut, von 1957 bis 2003 stiegen ihre Bezüge um das Achteinhalbfache. Zu Beginn der siebziger Jahre öffnete die Regierung Willy Brandt die Rentenkasse auch für Selbständige und für Hausfrauen, unter Helmut Kohl wurde sogar die Möglichkeit geschaffen, vor Erreichen des 65. Lebensjahrs in Rente zu gehen, wofür allerdings Abschläge in Kauf genommen werden mussten. Aber im Großen und Ganzen war in diesen Jahren die Rente eine stabile Leistung, auf die man bauen konnte.

Das änderte sich in der folgenden Zeit trotz mancher Korrekturen und Kleinreformen kaum. Doch dann begannen aufregende Jahre.

Das neue Jahrtausend fing an, und ein neues Wort war in der Welt: demographischer Wandel. Die Alten wurden immer älter, die Jungen bekamen immer weniger Kinder. Dazu kam, dass sich die Zeit der Berufstätigkeit verkürzt hatte: Lag früher das Alter des Berufseintritts im Durchschnitt zwischen 16 und 17 Jahren, so begann es jetzt erst mit 25. Gleichzeitig arbeiteten die Menschen kürzer, hörten auf, bevor sie 65 waren. Damit sank die Zahl der Jahre, in denen sie in die Rentenkasse einzahlten. Das Ergebnis war: Der Generationenvertrag konnte nicht mehr erfüllt werden, das Umlagesystem geriet in Gefahr, und manche prophezeiten, es könne nur noch eine Frage der Zeit sein bis zu seinem völligen Zusammenbruch.

Hecker hatte die immer dramatischer werdende Entwicklung natürlich verfolgt, als politischer Journalist zumal. Aber da er zugleich ein Großmeister im Verdrängen war, machte er sich keine übertriebenen Sorgen. Der angedrohte Zusammenbruch werde schon noch auf sich warten lassen, hoffte er, ihn werde es nicht treffen. Zudem begannen nun die jeweiligen Bundesregierungen fieberhaft nach Rettungsmöglichkeiten für die Rente zu suchen. Im Jahr 2001 glaubte die rotgrüne Regierung, die erlösende Idee zu haben: Neben die gesetzliche Rentenversicherung, jenes bedrohte Umlageverfahren, sollte eine kapitalgedeckte Vorsorge treten, die nach dem damaligen Arbeitsminister benannte Riester-Rente. Die Arbeitnehmer sollten durch

Anlagen am Kapitalmarkt Geld für ihren Ruhestand ansparen, der Staat gibt dafür Zuschüsse. Dadurch sollte eine zweite Säule der Altersvorsorge entstehen.

Der zweite Rettungsversuch kam 2004. Nun wurde in die ohnehin hochkomplizierte Renten-Mathematik eine sogenannte Nachhaltigkeitsklausel eingefügt: Wenn sich die demographische Entwicklung zuungunsten der Rentenkasse veränderte, konnten die Renten nun von der Lohnentwicklung abgekoppelt werden. Das Ergebnis war: Die Altersbezüge sanken von nun an kontinuierlich. Dazu trug auch bei, dass die Versteuerung der Renten von 2005 an verschärft wurde. Das betraf allerdings nur höhere Einkommen. Drei Viertel liegen unterhalb der steuerpflichtigen Grenzen. Sollten allerdings weitere Einkünfte zu besteuern sein, Zusatzverdienste etwa, Mieteinnahmen oder Zinserträge, so werden zur Berechnung der Steuer auch kleine Renten herangezogen. Dass geringe Altersbezüge steuerfrei seien, wie oft versichert wird, ist darum nur die halbe Wahrheit.

Schließlich wurde 2007 auch noch die Rente mit 67 beschlossen, beginnend im Jahr 2012 mit dem Jahrgang 1947. Dessen Angehörige mussten nach ihrem 65. Geburtstag noch einen Monat länger arbeiten, der nächste Jahrgang, 1948, zwei Monate länger und so fort, bis schließlich in kleinen Schritten im Jahr 2029 der Renteneintritt auf 67 Jahre für alle hochgeschraubt sein würde. Dabei wird es vermutlich nicht bleiben. Da es keinerlei Anzeichen für eine Trendwende bei der Bevölkerungsentwicklung gibt, werden schon jetzt Debatten über eine erneute Erhöhung des Rentenalters geführt. «Wir werden im nächsten Jahrzehnt sicher noch einmal über die Altersgrenze reden», sagte zum Beispiel der frühere Wirtschaftsweise Bert Rürup. Schon heute kursiert das Wort von der «Rente mit siebzig».

Hecker hörte diese Debatte gern. Er war immer gegen starre Regeln beim Renteneintrittsalter gewesen. Natürlich ist es nicht verboten, über die Grenze von 65 oder 67 hinaus zu arbeiten. Aber viele Tarifverträge machen das unmöglich, sodass faktisch meist doch eine feste Altersgrenze existiert. Hecker konnte das nicht verstehen. Warum machen wir es nicht wie zum Beispiel die Schweden? Die beschlossen schon 1999 ein flexibles Modell. Wer will, kann dort bereits mit 61 ohne Abzüge in Rente gehen, und wer länger am Arbeitsplatz bleiben möchte, kann das auch. Im Durchschnitt hat diese Regelung in Schweden den Eintritt in den Ruhestand auf 65,7 Jahre angehoben. 2011 hat auch Großbritannien das gesetzliche Rentenalter abgeschafft. Hecker hielt das für äußerst vernünftig, gerade in Zeiten, da ein drohender Mangel von Fachkräften beklagt wird.

All die Rettungsversuche der deutschen Politik konnten nicht verhindern, dass das System der Alterssicherung in eine schwere Krise geriet. In den vergangenen zehn Jahren gab es vier Mal eine Nullrunde für

Rentner. Sie gingen leer aus, mochten die Löhne und Gehälter um sie herum auch steigen. Hie und da kam es zu minimalen Erhöhungen, etwa im Jahr 2013, als es in Westdeutschland eine Steigerung von 0,25 Prozent gab (im Osten waren es 3,29 Prozent), also für 1000 Euro Rente 2,50 Euro mehr pro Monat. Bei einer Inflationsrate zwischen 1,6 und 1,8 Prozent bedeutete das faktisch einen Verlust. Das ist seit Jahren nicht anders, die Kaufkraft schwindet dauerhaft. Nach Berechnungen des Sozialverbandes Deutschland können sich Rentner von ihren Bezügen heute fast 12 Prozent weniger leisten als vor 10 Jahren. Das Gespenst der Altersarmut geht um. Hecker kannte das Problem gut. Gerade freiberufliche Autoren, mit denen er oft zusammenarbeitete, hatten berechtigte Gründe, sich vor dem Alter zu fürchten. Ihre Einkommen waren gering und wurden immer geringer, je schlechter es der Zeitungsbranche ging. Viele von ihnen würden nicht umhinkommen, ihre Rente mit Hartz IV aufzustocken.

Hecker wunderte sich darüber, dass es immer noch viele gab, die das Reden über Altersarmut für maßlos übertrieben hielten. Noch nie, heißt es bei denen, sei es den Rentnern in Deutschland so gut gegangen wie heute. 18 Milliarden geben Rentner pro Jahr für Reisen aus, 80 Prozent aller Kreuzfahrten werden von Menschen über fünfzig gebucht, und ebenfalls 80 Prozent aller Neuwagen werden von dieser Altersgruppe gekauft. Ein Ehepaar im Ruhestand hat im Schnitt

2800 Euro im Monat zur Verfügung – allerdings vor Steuern, Krankenkasse und anderen Abgaben. Außerdem sind hier auch Einnahmen aus privater Vorsorge und Vermögen bereits eingerechnet. 1005 Euro beträgt nach den neuesten Zahlen die Durchschnittsrente für Männer im Westen, für Frauen 508 Euro. In Ostdeutschland ist sie geringfügig höher.

All das sind Zahlen, die wenig Aussagekraft haben. Denn unleugbar ist, dass die Zahl der Rentner mit sehr geringem Einkommen im Wachsen begriffen ist. Anders als früher sind heute gebrochene Erwerbsbiographien weit verbreitet, der Vollzeitarbeiter, der 45 Jahre ohne Unterbrechung beschäftigt ist, wird zur Ausnahme. Immer größer wird die Zahl von Menschen, die im Niedriglohnsektor beschäftigt sind, Scheidungsraten steigen, die Zahl der Eheschließungen wird geringer, die der Alleinerziehenden größer. Ende 2012 waren es schon 500 000 Rentner, die auf Leistungen aus der Grundsicherungsgrenze angewiesen waren. Bei etwa 20 Millionen Rentnern in Deutschland ist das keine besonders hohe Zahl. Dennoch ist sie alarmierend. Denn in Wahrheit ist die wirkliche Ziffer drei- bis viermal höher, weil viele Ältere aus Scham den Gang zum Sozialamt scheuen. Besonders beunruhigend ist, dass die Zahl der Hilfsbedürftigen stetig wächst. Von 2011 auf 2012 ist sie um 6,6 Prozent gestiegen. Im Vergleich zu 2005 liegt der Anstieg bei 35,6 Prozent. Diese Tendenz wird zunehmen. Ohne Rentenreform drohe «in ein paar Jahren Millionen Rentnern der Gang zum Sozial-amt», warnt die Arbeiterwohlfahrt.

Besonders betroffen von Altersarmut sind Rentner in den alten Bundesländern. In Ostdeutschland sind es nur 2 Prozent, im Westen 3. Am stärksten trifft es west-deutsche Frauen. Hier liegt der Anteil bei 3,3 Prozent. Der Grund dafür ist, dass im Osten zu DDR-Zeiten mehr Frauen berufstätig waren und dadurch höhere Rentenansprüche erwerben konnten.

Die Politik hat auf diese Warnsignale reagiert, hat die Ungerechtigkeit erkannt und erwägt finanzielle Aufstockungen für solche Fälle. «Lebensleistungs-rente» heißt das Modell, das die CDU-Arbeitsminis-terin Ursula von der Leyen in die Debatte gebracht hat. Die meisten anderen Parteien wollen das Gleiche, nennen es aber anders: «Garantierente» die Grünen, «Solidarrente» die Sozialdemokraten. Was sie nicht so gerne sagen: Das würde – bei einer Anhebung auf die bescheidene Summe von 850 Euro für Menschen, die 30 oder 40 Jahre gearbeitet haben – zweistellige Milli-ardenbeträge erfordern. Ohne Steuererhöhungen wäre das kaum zu finanzieren.

Wie groß die Armutsfalle im Ruhestand inzwischen ist, zeigt die Explosion der Zahl von Rentnern, die sich noch etwas hinzuverdienen müssen, weil ihre Bezüge nicht zum Leben reichen. 800 000 sind das mittlerwei-le, davon 660 000 in geringfügigen Beschäftigungen. Das sind fast 250 000 mehr als vor zehn Jahren, ein Anstieg um 57 Prozent. Dieser Anstieg ist ein Ausdruck von Not. Noch gar nicht erfasst sind dabei alle jene, die sich unter der Hand und unversteuert Geld dazuverdienen.

Die Rente, so viel ist gewiss, kann heute weder gegen Armut versichern noch den Lebensstandard früherer Tage garantieren. Selbst wer in seinem Arbeitsleben gut oder sehr gut verdient hatte, wird als Rentner nicht in Saus und Braus leben. Die Höchstrente liegt zurzeit bei etwa 2200 Euro. Faktisch wird diese Summe allerdings kaum erreicht, da man dafür 45 Jahre lang, also schon zum Arbeitsbeginn, Höchstbeträge in die Rentenkasse eingezahlt haben müsste.

Die gesetzliche Rentenversicherung, die früher den Lebensunterhalt sichern sollte, wird mehr und mehr zu einer Zuschussleistung. Nach den Vorstellungen führender Politiker besteht die Zukunft der Alterssicherung aus drei Komponenten: traditionelle gesetzliche Rentenversicherung, private und betriebliche Vorsorge. Rosig sieht diese Zukunft indessen nicht aus. Denn Betriebe leisten eine solche Vorsorge oftmals nur ab einer gewissen Größe, nur etwa 50 Prozent bieten sie überhaupt an. Und für die private Absicherung muss man das nötige Geld haben. Deshalb haben nur 17 Millionen Deutsche das staatlich bezuschusste Angebot der Riester-Rente angenommen, und davon ruhen zurzeit 20 Prozent der Verträge. Viele Menschen können sie nicht mehr bezahlen. Das andere Problem dabei ist, dass durch die Riester-Verträge eine gesamtgesellschaftliche Abhängigkeit von den Finanzmärkten entstanden ist. Jede Instabilität dieser Märkte führt zu einer Instabilität der Vorsorge. Gerade in Zeiten niedriger Zinsen werden Versuche, am Kapitalmarkt etwas dazuzuverdienen, immer uninteressanter. Es gibt Experten, die die Riester-Rente inzwischen für einen gigantischen Flop halten. Private Altersvorsorge, sagt zum Beispiel «Stiftung Finanztest», sei heute ein Glücksspiel. Das Deutsche Institut für Wirtschaftsforschung gibt den ironischen Rat, sein Geld lieber in den Sparstrumpf als in private Vorsorge am Kapitalmarkt zu stecken.

So schwierig im Moment die Zeiten für die Rente sind – die wirklich gravierenden Einschnitte stehen noch bevor. Bekommt ein heutiger Ruheständler immerhin noch etwa 60 Prozent seines früheren Arbeitsgehalts, so werden es im Jahr 2030 nur noch 43 Prozent sein. Diese Absenkung sei alternativlos, wie Politiker heute gerne sagen, solange sich die Kurve der demographischen Entwicklung nicht ändere. Und das wird sie mit Sicherheit nicht tun.

Verschärft wird die dann entstehende Situation wahrscheinlich noch durch das zweite Drama, das der Generation der heutigen Mittvierziger bevorsteht: die Explosion der Pflegekosten. Das lange und immer längere Leben der Menschen bedroht nicht nur die Renten-, sondern auch die Pflegeversicherung. Die zukünftig entstehenden Kosten wird sie nur mit massiven

Beitragserhöhungen decken können. Im Jahr 1995, als Norbert Blüm sein «Jahrhundertwerk», die Pflegeversicherung, aus der Taufe hob, erwartete er, dass die Zahl der Pflegebedürftigen bis zum Jahr 2015, innerhalb von 20 Jahren also, auf 1,9 Millionen Menschen steigen würde. Er irrte sich gewaltig. Schon nach 7 Jahren war diese Zahl erreicht. 2004 war dann die 2-Millionen-Grenze überschritten. Und die Prognosen sind erschreckend: 2020 wird wohl die 3-Millionen-Marke fällig. Das wird Geld kosten, ungeheuer viel Geld. Die Belastungen der zukünftigen Rentner werden so groß sein, wie man es sich heute noch kaum vorstellen kann. In wenigen Jahren schon.

Thomas Hecker konnte sich glücklich schätzen. 1180 Euro brutto, 1060 netto. Nein, er wollte nicht klagen. Nur ein bisschen.

Im Niemandsland

Noch sieben Tage. Hecker trifft eine alte Bekannte und
kommt aus dem Staunen gar nicht mehr heraus

Hecker fand sein Leben öde. Die Tage vergingen träge, und die Arbeit im Büro kam ihm so zäh vor wie sonst nie. Eine sonderbare Stimmung hatte ihn ergriffen, etwas zwischen Müdigkeit und Traurigkeit, sie ließ ihn nicht mehr los, und es dauerte ein paar Tage, bis er ein Wort dafür gefunden hatte. Es ist der Abschied, dachte er, dieses Gefühl, anwesend und abwesend zugleich zu sein. Kaum vier Wochen waren es jetzt noch bis zu seinem letzten Arbeitstag. Er brauchte kein Maßband mehr, um die Tage zu zählen. Aber diese Tage wurden ihm lang, im Zwischenreich zwischen gestern und morgen.

Wie in einem Niemandsland, dachte er, ein Raum, der keinem gehört, aus der Welt gefallen. Und Hecker fragte sich, ob es das eigentlich heute noch gab: Niemandsländer. Als Kind war er, unterwegs in die Ferien, im Auto mit seinen Eltern durch solche Zonen gefahren, Land zwischen den Grenzstationen. Er hatte das immer ein bisschen unheimlich gefunden, er erinnerte sich noch genau. Galten hier keine Gesetze? Was würde geschehen, wenn der Vater am Steuer einen Unfall verursachte? Woher kam dann die Polizei? Oder gar der Notarzt? Hecker wusste es nicht, aber heute gab es wahrscheinlich keine Niemandsländer mehr.

Aber dass es ein Niemandsland der Seelen gab, das wusste er bestimmt. Er steckte schließlich mittendrin.

Neulich hatte er sogar mit ersten Aufräumarbeiten im Büro begonnen. Hatte aus seinen beiden Bücherschränken alte Bände aussortiert, Sachliteratur aus anderen Zeiten, irgendetwas über den Gründungsparteitag der Grünen von 1981, alte Biographien von Wehner, von Albertz, von Ehmke, kannte die überhaupt noch jemand?, oder «Reichspräsident Friedrich Ebert. Sozialdemokrat und Patriot». Er hatte die Bücher in eine Kiste gepackt und vor seine Bürotür gestellt. Das hatte sich in der Redaktion so eingebürgert: Wenn eine Bücherkiste vor der Tür stand, durfte sich jeder, der Interesse hatte, daraus bedienen. Aber es bediente sich niemand. Altes Zeug eben, dachte Hecker, wer soll damit schon etwas anfangen?

Er fand, dass diese Bücher etwas mit ihm gemein hatten. Ausgemustert. Auch sie trugen die Zeichen des Vergangenen.

Ein anderes Zeichen war die Sache mit dem Urlaub. Das Personalbüro seiner Zeitschrift – durfte er das überhaupt noch sagen: *seiner* Zeitschrift? –, das Personalbüro jedenfalls hatte ihn darauf aufmerksam gemacht, dass noch zwölf Urlaubstage für ihn zu Buche standen, er möge sie doch schnellstens abfeiern, ansonsten würden sie verfallen. Hecker war irritiert. Jetzt noch Urlaub nehmen, jetzt, da ihm der längste Urlaub aller Zeiten bevorstand, Urlaub lebenslänglich. «Nein», sagte er, «streichen Sie die Tage.» Er habe keine Verwendung dafür. Urlaub, dachte er, ist kein Thema meines Lebens mehr. Urlaub ist jetzt zu Ende.

Vielleicht lag seine gedrückte Stimmung auch daran, dass Franziska für eine Woche verreist war. Mit ihrer besten Freundin nach Südfrankreich, Fahrradfahren. Jedes Jahr um diese Zeit tat sie das, aber noch nie hatte Hecker sie dermaßen vermisst wie diesmal. Er fühlte sich allein in der Wohnung, konnte sich nicht aufraffen, Freunde anzurufen, abends etwas zu unternehmen. Er steckte fest in seiner Stimmung, fand sich fehl am Platz, im Büro sowieso, aber auch zu Hause, bemitleidete sich und schüttelte den Kopf darüber.

Ob das ein Vorzeichen der kommenden Zeiten war? Wenn Franziska an ihrem Büroschreibtisch sitzen würde und er daheim. Und all die anderen auch an ihren Schreibtischen waren, an ihren Arbeitsplätzen. Hecker kannte nur wenige in seinem Alter, Rentner, wie er es nun bald sein würde. Aber er verspürte kaum Lust, sie zu treffen. Das Unbehagen, das er vor ein paar Monaten, bei jenem Abend mit den früheren Kollegen, empfunden hatte, saß noch immer tief. Eine Wiederholung jener Gespräche war das Letzte, was er jetzt brauchen konnte. Es schien ihm doch immer ein unschätzbarer Wert gewesen zu sein, dass sein Freundes- und Bekanntenkreis zum größten Teil jünger war als er, viel jünger meist. Er hatte das als Zeichen seiner Jugendlichkeit begriffen. Wenn Vierzigjährige, ja sogar Dreißigjährige, Gefallen daran fanden, sich mit ihm zu treffen, mit ihm auszugehen, dann konnte das mit seinem Alter so dramatisch nicht sein. Aber vielleicht, dachte er, haben mir diese Bekanntschaften den Realitätssinn verdorben. Vielleicht habe ich sie mir sogar genau deshalb ausgesucht, um mich in meiner Jugendlichkeit zu bestätigen. Um mein wirkliches Alter zu dementieren.

Vorzeichen der kommenden Zeiten. Hecker kam nicht heraus aus seiner Bedrückung. Dabei waren es jetzt ja nur die Abende, die er nach der Rückkehr aus dem Büro allein verbrachte. Was, wenn noch die Tage dazukommen würden? Er wollte es sich nicht vorstellen. Ich muss etwas finden, dachte er, eine Beschäftigung, keinen Zeitvertreib, einen Sinn. Aber er hatte noch immer keine Idee.

Neulich hatte er Karin getroffen, ganz zufällig auf der Straße. Sie war eine Bekannte, uralte Bekannte aus Studententagen. Zwei Jahre lang hatten sie damals sogar in der gleichen Wohngemeinschaft gelebt, sich dann aus den Augen verloren, aber später war auch sie nach Berlin gezogen. Also gab es gelegentliche Wiedersehen, nicht oft, alle halbe Jahre etwa, aber genug, um über den anderen auf dem Laufenden zu sein. Immerhin wusste er, dass sie vor kurzem aus ihrem Beruf, Lehrerin für Englisch und Französisch, ausgeschieden war, Frühpensionierung, und das mit Freuden, wie sie sagte.

Hecker war über das Zusammentreffen auf der Straße froh, und da Karin das offenbar auch war, beschlossen sie, es im Café gleich um die Ecke fortzusetzen. Er könne sich glücklich schätzen, sagte sie, dass sie gerade Zeit habe. Das sei eine seltene Ausnahme, ihre Tage seien normalerweise vollgepackt mit Terminen, man kenne das ja von Rentnern und Pensionären.

Karin erläuterte sogleich ihren Wochenplan. Erst einmal lange ausschlafen, darunter habe sie ja die ganze Schulzeit gelitten, jeden Tag dieses verdammte Aufstehen kurz nach sechs, er kenne sie ja, Eule, keine Lerche. Darum sei ihr die Umstellung auch ganz leicht gefallen, kein zwanghaftes Aufstehen im Morgengrauen wie früher, als der Wecker noch klingelte, und «senile Bettflucht sowieso nicht». Dann das Frühstück! Unter zwei Stunden mache sie das nie, Zeitung lesen von der ersten bis zur letzten Seite. «Ich bin heute besser informiert als früher.»

Hecker fand die Vorstellung verlockend. Aber er wusste, dass das bei ihm nicht so sein würde. Er hatte sich nie etwas aus dem Frühstück gemacht, war viel zu unruhig und ungeduldig dafür gewesen, trank schnell eine Tasse Tee, blätterte flüchtig in der Zeitung und war dann schon auf dem Weg ins Büro.

Karins Frühstück hingegen war nicht nur ausufernd, es war auch der Auftakt zu einem prallen Leben. Dreimal in der Woche gehe sie ins Fitness-Studio, erklärte sie, zweimal zum Yoga, Montag war Kinotag mit einer Freundin, dann Lesekreis mit acht Frauen, zurzeit «Nur Mut», das neue Buch von Silvia Bovenschen, wunderbare Autorin, sagte Karin, die so klug über das Alter schreiben kann. Das gebe es nicht oft, meistens lese man darüber ja ausgemachten Blödsinn. Philip Roth zum Beispiel, richtiggehend aufgeregt habe sie sich, als sie den vor ein paar Jahren gelesen habe, denn der schrieb doch glatt: «Das Alter ist kein Kampf, das Alter ist ein Massaker.» Unfassbar, befand Karin, was für ein Unsinn. Sie habe ganz andere Erfahrungen gemacht, gegenteilige. Noch nie habe sie sich so wohl gefühlt wie jetzt im Alter. Alles, was sie früher angestrengt habe, sei nun von ihr abgefallen, alle Belastungen hätten sich in Wohlgefallen aufgelöst. Sie sei im Reinen mit sich, habe erreicht, was ihr je vorgeschwebt habe, könne nun endlich machen, was sie wolle. Kein Schulleiter kommandiert mehr, keine Schulglocke, die so lange den Takt des Lebens vorgegeben hatte, läutet. Keine Eltern, die sich beschweren, keine respektlosen Schüler, keine schwierigen Kollegen mehr. Wie schön, dass das nun hinter ihr liege. «Ich bin jetzt die Bestimmerin», sagte sie, «und keiner redet mir rein.» Leben, wie es besser nicht sein kann. «Die große Freiheit», sagte sie.

Natürlich fühle sie sich manchmal ein wenig einsam, Hecker wisse ja, dass sie nie geheiratet habe, keine Kinder, keine Enkel. Aber sie bereue das nicht, gerade jetzt, im Alter, sei es ihr schwer vorstellbar, dass da ein alt gewordener Ehemann in der Wohnung herumsitze. Karin machte eine Kopfbewegung, als müsste sie sich schütteln bei dem Gedanken, und wiederholte noch einmal das Wort Freiheit. Die einzige Einschränkung dieser Freiheit sei eigentlich nur Lenny, ihr schwarzer Labrador, den sie sich vor ein paar Jahren gekauft habe. Der sei ihr bester Freund, lege ihr manchmal aber gewisse Verpflichtungen auf. Doch sonst, von wegen Massaker! Ein Paradies sei das Alter. Auch er, Hecker, werde das noch erfahren.

«Ganz bestimmt», sagte der.

Wie lange er denn noch müsse?

«28 Tage», sagte Hecker.

Großartig befand Karin, dann könne er ja auch bald zu dem Chor kommen, dem sie vor kurzem beigetreten sei, immer am Mittwoch, 18 Uhr, sei Probe. Er habe doch eine schöne Stimme, sie könne sich noch gut an Abende in der Wohngemeinschaft erinnern, an denen er oft Lieder zur Gitarre gesungen habe, irgendwelche italienischen Sachen, wenn sie ihr Gedächtnis nicht täusche.

«Klar», sagte Hecker, «revolutionäres Liedgut der Arbeiterklasse», und seine schöne Stimme klang sarkastisch.

Er solle sich das mit dem Chor jedenfalls ernsthaft

überlegen, eine nette Truppe sei da beisammen, alles ganz locker, keiner müsse einzeln vorsingen, überhaupt kein Stress. Das sei unbedingt etwas für ihn.

«Mhm», machte Hecker.

Dann, sagte Karin, habe sie noch etwas entdeckt. Sie sei nämlich jetzt politisch aktiv, und das sei gewiss auch etwas für ihn. Da drüben, gleich in der nächsten Straße, werde demnächst ein Haus gebaut, riesiger Gebäudekomplex, jeden Moment würden die Aushubarbeiten beginnen. Dabei müsse ein wunderschöner Baum dran glauben, Silberahorn, uralt, majestätisch. «Wir werden das verhindern», sagte Karin, eine Gruppe habe sich zusammengefunden, sie träfen sich täglich zur Mahnwache gegenüber dem Grundstück und hielten Schilder in die Höhe: «Der Silberahorn darf nicht sterben». Beim Bezirksamt habe man schon förmlichen Protest eingelegt, die Chancen, den Baum zu retten, stünden nicht schlecht. Das Engagement koste zwar viel Zeit, aber sie habe schon lange nichts mehr so Sinnvolles getan, «etwas Sinnstiftendes, verstehst du». Hecker solle auf jeden Fall mitmachen, er sei doch immer ein politisch denkender Mensch gewesen, wenn man etwas in der Gesellschaft verändern wolle, dann müsse man eben im Kleinen beginnen. Außerdem seien sie bei der Mahnwache bisher nur Frauen. Ein Mann könne nicht schaden.

Hecker sagte jetzt gar nichts mehr.

Aber Karin schien das kaum zu bemerken, redete

weiter über die Freuden des Alters, die Worte quollen aus ihr heraus wie Schaum aus einer geschüttelten Sektflasche, sie sprach von Plänen, Zielen und Projekten, erwähnte den Kochkurs «Glutenfreie Küche», den sie im Moment besuche, berichtete von Englisch-Nachhilfestunden, die sie mehrmals die Woche gebe. «Siehst du, ein bisschen Lehrerin bin ich noch geblieben; aber jetzt selbstbestimmt, das macht den Unterschied.» Und am Wochenende natürlich Ausflüge ins Berliner Umland. Großartige Landschaft, allein die zahllosen Seen. Erst kürzlich habe sie wieder einen entdeckt, Sacrower See, in der Nähe von Potsdam, ein Ort zum Träumen. Ob Hecker ihn kenne.

Hecker kannte ihn schon lange und antwortete nicht. Stattdessen sagte er unvermittelt: «Bist du eigentlich glücklich mit diesem Leben?»

Was das jetzt für eine Frage sei, ob er das nicht sehen könne? Dieses Strahlen, das von innen komme.

«Ja, klar», sagte Hecker.

Sie müsse jetzt los, sagte Karin, dringend, er habe sie nämlich von einem Krankenbesuch abgehalten, sie sei gerade auf dem Weg gewesen, alter Freund, Lungenkrebs. Seit Tagen schon schiebe sie diesen Besuch vor sich her. Könne kaum daran denken, schon kämen ihr die Tränen. Und dann murmelte sie noch etwas davon, dass Älterwerden nichts für Feiglinge sei.

«Lass dich nicht aufhalten», sagte Hecker, die Rechnung für den Kaffee werde er schon übernehmen.

Als Karin verschwunden war, bestellte Hecker noch einen. Wenn er das nur auch könnte. Die Leere füllen, Termin um Termin buchen, ein Event auf das andere schaufeln, bis schließlich eine Lawine durch das Leben rollte. Andere können das, ich kann es nicht. Und er fragte sich, ob er es können wollte.

Fragte sich aber auch, wie viel Überheblichkeit aus ihm sprach. Natürlich ahnte er, dass Karin nicht sonderlich froh in ihrem neuen Leben war, sonst hätte sie ja nicht so viele Worte darum gemacht. Aber immerhin, sie hatte sich eingerichtet, hatte sich eine Art Beschäftigungstherapie verordnet, die das Besinnen unmöglich machte. Man konnte das falsch finden, lächerlich sogar, man konnte aber auch sagen: besser eine Betäubung als Schmerzen.

Als Franziska am Ende der Woche zurückkam, fröhlich und mit tiefgebräunten Radlerarmen, erzählte ihr Hecker, dass er in Zukunft zum Yoga, zum Lesekreis, zum Chor und zur Mahnwache gehen würde.

«Dann mal los», sagte Franziska.

Der letzte Tag

Hecker räumt sein Büro aus, wird sentimental,
hält eine Rede und singt Lieder

Hecker saß zu Hause an seinem Schreibtisch, eine halbe
Stunde schon, und hatte noch nicht einmal den ersten
Satz zustande gebracht. Übermorgen war es so weit.
Letzter Arbeitstag. Was für ein Wort: letzter Arbeits-
tag. Er hatte nachgerechnet. 40 Jahre Arbeit, minus
Wochenenden und Urlaube, das machte an die 10 000
Tage, in denen er im Büro gesessen hatte. Vielleicht
ein bisschen weniger, wenn er noch ein paar Krank-
heitstage abzog, aber er war nicht oft krank gewesen.
Meniskus, Bandscheibe, Leistenbruch, ab und zu eine
kleine Erkältung – viel war nicht zusammengekommen,
jedenfalls auf die lange Strecke von 40 Jahren gesehen.
Hecker war ein gesunder Mensch gewesen.

Morgen noch, übermorgen noch. Zwei Finger zum
Zählen.

Hecker wusste, was er zu tun hatte. Die üblichen Rituale, ein kleines Abschiedsfest organisieren. So macht
man das. Schließlich hatte er schon viele Kollegen in
Rente gehen sehen. Er sagte in der Kantine Bescheid,
ein kleines Buffet, Bier, Wein, Orangensaft, Wasser.

Nichts Übertriebenes, Hecker wollte es möglichst einfach haben, kein rauschendes Fest. Es gab nichts zu feiern, fand er.

Zuerst hatte er deshalb daran gedacht, überhaupt kein Abschiedsfest zu geben. Weil er ahnte, dass er ohnehin nur mit einem Kloß im Hals herumstehen würde, die Rede seines Chefredakteurs anhören, selbst ein paar Worte sagen, Hände schütteln, späte Komplimente entgegennehmen. Unverzichtbar, unersetzlich, lass dich bald wieder blicken, wir werden dich vermissen, und wenn Not am Mann ist, dann rufen wir dich an, dann kommst du schnell und hilfst aus. Das Übliche, Hecker wollte es nicht hören, anlügen kann ich mich auch selbst, dachte er.

Aber dann hatte er mit einem alten Freund aus München telefoniert, wo Hecker aufgewachsen war, gerade vor zwei Monaten war der in den Ruhestand gegangen. «Lass dich feiern», hatte er gesagt, «es wird dir guttun.» Ihm sei es ähnlich gegangen, auch er habe nichts wissen wollen von einem Abschiedsfest, der letzte Arbeitstag sei ja nur für den ein Ereignis, der geht. Für diejenigen, die bleiben, habe er im Grunde, man müsse ehrlich sein, keine Bedeutung. So habe er zunächst gedacht, dann aber gemerkt, wie wichtig Rituale auch für die seien, die bleiben. Haltepunkte, Erinnerungspunkte, Erholungsinseln. Für einen Moment aus dem Arbeitseinerlei heraustreten, bevor es am nächsten Tag unerbittlich weiterwalzt.

«Du bist gut», sagte Hecker am Telefon, «den nächsten Tag gibt es nicht mehr. Hat sich ausgewalzt.»

«Aber Rituale verleihen ein Wir-Gefühl, das brauchst du.»

«Gar nichts brauche ich, und ein Wir-Gefühl schon gar nicht. Es gibt kein Wir mehr. Von nun an bin ich allein.»

«Aber du warst jahrelang mit ihnen zusammen, sie sind ein Teil von deinem Leben, der gehört zu dir. Du kannst dich nicht einfach davonstehlen.»

Der Freund erklärte ihm, dass dieses Abschiedsritual eben auch für die anderen wichtig sei. Kommen und Gehen, das seien die immer wiederkehrenden Abläufe in einem Betrieb, Einstand und Ausstand. Vergewisserungsrituale einer Gemeinschaft. Rituale, die Übergänge leichter machen.

«Klingt ziemlich religiös», hatte Hecker noch gemault, aber er war längst überzeugt. Besonders das letzte Argument hatte ihm eingeleuchtet und sehr gefallen: für die Kollegen, nicht für ihn selbst.

«Ausstand» hatte der Freund gesagt. Interessantes Wort, fand Hecker, jetzt am Schreibtisch. Er würde es für seine Abschiedsrede verwenden können, die er im Begriff war zu schreiben. Ausstand war doch auch ein anderes Wort für Streik: «Arbeiter treten in den Ausstand.» Sie legen die Arbeit nieder, genau das tat er doch auch, wenn er nun in Rente ging. Sofort fand er die Formulierung «die Arbeit niederlegen» sehr kurios.

Was war das Gegenteil von «niederlegen»? Natürlich «hochhalten». Genau, dachte Hecker, ich lege jetzt die Arbeit nieder, und 40 Jahre habe ich sie hochgehalten. Jetzt streike ich, ich trete in den Ausstand.

Und schon hatte er ein paar Gedanken zusammen, die er für seine Abschiedsrede brauchen konnte, schrieb nun zügig in den Computer, baute ein paar launige Geschichten aus alten Redaktionstagen ein, formulierte Dankesworte und versuchte, alles im Ton großer Heiterkeit zu halten. Nichts schlimmer, dachte er, als jene angehenden Ruheständler, die bei solchen Gelegenheiten ihre Altersweisheiten zum Besten gaben, gar eine Art Vermächtnis auf die Kollegen niederdonnern ließen, die doch nur darauf warteten, dass der offizielle Teil zu Ende ging und das Buffet eröffnet wurde. Es war ihm ja selbst immer so gegangen.

Hecker war mit seiner Rede ziemlich zufrieden. Das Beste daran: Sie war kurz.

Was werde ich an den beiden letzten Tagen bloß machen an meinem Arbeitsplatz?, hatte sich Hecker in den vergangenen Wochen immer wieder gefragt. Etwas Neues zu beginnen schien ihm unsinnig, und das Gefühl, das ihn seit geraumer Zeit ergriffen hatte, das war ja nicht gewichen, dieses Gefühl von Mehltau, der über allem lag, dieses Gefühl, nun endgültig fehl am Platze zu sein, dieses Gefühl der Nutzlosigkeit. Nicht einmal der Nachfolger, die Nachfolgerin war einzuarbeiten. Denn es gab keinen Nachfolger. Der Verlag hatte beschlossen, die frei werdende Stelle nicht wieder zu besetzen, jedenfalls vorläufig nicht. Hecker fand das bedenklich, aber er hatte Verständnis dafür. Die wirtschaftliche Situation der Zeitschrift hatte sich in den vergangenen Monaten keineswegs zum Besseren entwickelt, die Auflage sank ebenso wie die Anzeigenerlöse. Man musste Sorge um ihre Zukunft haben.

Die beiden Schlusstage waren dann doch keine leeren Tage, sondern von Aktivitäten erfüllt, wie es Hecker zuvor nicht vermutet hatte. Es galt aufzuräumen. Schon in der Woche zuvor war er mit ein paar Umzugskartons erschienen, hatte endgültig seine Bücherregale geleert – zu Franziskas Verdruss standen die Kartons nun zu Hause in ihrem gemeinsamen Arbeitszimmer, wo die Bücherschränke ohnehin überquollen und keinen Platz mehr für Neuankömmlinge ließen. Hecker sah plötzlich Licht am Horizont: Das könnte eine seiner ersten Tätigkeiten im Ruhestand sein. Ordnung in der Bücherunordnung schaffen, Überflüssiges ins Antiquariat bringen und, wenn die es nicht wollten, zum Recyclinghof. Zuvor aber, das hatten Franziska und er längst beschlossen, würde es erst mal einen richtigen Urlaub geben, satte vier Wochen, so lang, wie es ihm in all den Berufsjahren nie möglich gewesen war. Sardinien sollte es sein, Hecker war früher etliche Male dort gewesen, Italienliebhaber, der er war, kannte Berge und Badebuchten und ein paar Restaurants sowieso. Sie hatten eine Ferienwohnung an der Ostküste gemietet, wilde Landschaft, rote Porphyrklippen, die ins Meer abfielen. Natürlich eine Ferienwohnung, kein teures Hotel, Rentner Hecker. Und nach dem Urlaub würde er sich als Erstes um die Bücherschwemme im Arbeitszimmer kümmern.

Ob das eigentlich das richtige Wort war?, fiel Hecker plötzlich ein. Arbeitszimmer für einen nicht arbeitenden Menschen? Na ja, manchmal wollte er ja noch ein paar Artikel schreiben.

Vorerst aber saß er in seinem Büro und wunderte sich. Was es alles noch zu tun gab. Das Leeren der Bücherregale war ja nur die eine Sache gewesen, jetzt musste er noch an die Schreibtischschubladen ran. Dabei war weniger das Problem, dass sie allesamt bis obenhin voll waren. Alte Terminkalender, Briefe, Manuskripte, die er längst vergessen hatte, Fotos, Videobänder, Aufzeichnungen aus grauer Vorzeit, frühe Computerdisketten mit Dokumentationen über Skandale, an die sich heute keiner mehr erinnern konnte. Stücke eines Journalistenlebens. Nun hätte Hecker all das mit beiden Händen in die vorsorglich mitgebrachten Müllsäcke werfen können. Aber es wollte ihm nicht gelingen. Weil an so vielen Stücken eine Erinnerung hing. An Politiker, die er getroffen hatte, an Autoren, deren Texte er redigiert, an Orte, die er besucht hatte.

So brachte er es nicht fertig, das alles einfach wegzuwerfen, nahm die Zettel und Papiere zur Hand, las sich fest, hing den Gedanken nach, die sie bei ihm wachriefen, nahm sich sogar die Kalender der vergangenen Jahre vor, die er sicherheitshalber aufbewahrt hatte, man konnte nie wissen, fand dort Einträge, die er gar nicht mehr verstand, und andere, die lebhafte Reminiszenzen auslösten. Er blieb lange, blätterte, in den anderen Büros waren nach und nach die Lichter ausgegangen, Hecker saß noch immer, zwischen Wehmut und Neugier auf das Alte, und fand schließlich, dass er all das nicht einfach beseitigen könne. Jetzt jedenfalls noch nicht. Also entschloss er sich zur Mülltrennung und öffnete zwei Plastiksäcke. In den ersten packte er jene Stücke, die nur mit geringen Erinnerungsspuren behaftet und deshalb entbehrlich waren, und in den zweiten all das, was ihm noch unverzichtbar schien, eine Wertstoffsammlung gewissermaßen. Das Leben als Erinnerung, davon hatte er damals, vor einigen Monaten, bei jenem Fest seiner Ex-Kollegen erfahren. Nun war es bei ihm so weit.

Diesen zweiten Müllsack, den Müllsack der Unentbehrlichkeiten, wollte er am nächsten Tag mit nach Hause nehmen, im Arbeitszimmer neben die Umzugskartons legen und nach dem Urlaub auf die definitive Unentbehrlichkeit untersuchen. Versprochen, Franziska!

Die hatte übrigens schon vor einer Stunde angerufen. Wo er denn bleibe. Ob sie sich Sorgen machen müsse. Nein, hatte Hecker geantwortet, er befinde sich nur gerade in der Vergangenheit. In seiner eigenen.

Es ging dann schon gegen Mitternacht, als er das Büro verließ und auf sein Fahrrad stieg. Es war überraschend warm, jetzt, am vorletzten Septembertag. Hecker hatte es nicht weit nach Hause, keine Viertelstunde. Aber heute wäre er gerne weitergeradelt durch die frühherbstliche Nacht. Herbst des Lebens, phantasierte er auf einmal. Und ausnahmsweise bedrückte ihn der Gedanke nicht, denn in seinem Kopf befand er sich im Sommer seines Lebens, so voller Erinnerungen war er. Vielleicht bin ich eine Herbstzeitlose, dachte er.

Am nächsten Tag, am wirklich letzten Arbeitstag, ging es weiter mit den Erinnerungen, noch immer hatte Hecker die Schubladen nicht gänzlich geleert. Aber als es Mittag wurde, waren die Säcke gefüllt, er packte noch zusammen, was auf dem Schreibtisch übrig geblieben war, ein paar Stifte, den Ordner mit der Korrespondenz der letzten Monate und besonders den Karteikasten mit den Adressen. Andere hatten solche Adressverzeichnisse längst in ihren Handys, aber in diesem Punkt war Hecker altmodisch geblieben. Der Karteikasten war viel mehr als ein Karteikasten, er war ein Schatz. Was Hecker da alles angesammelt hatte in seinen Berufsjahren, Telefonnummern von Politikern, sogar private Handynummern; Adressen von Autoren in entlegensten Ländern, von Armenien bis Zaire, auch die uralte Nummer eines Rebellengenerals aus Nicaragua war dabei, Dokument wilder Jahre. Dieser Kasten war eines seiner wichtigsten Arbeitsmittel gewesen.

Und auf einmal sollte dieser Schatz nichts mehr wert sein? Vielleicht schenke ich ihn eines Tages einem Kollegen, dachte Hecker. Aber erst einmal verklebte er ihn mit Tesafilm und steckte auch ihn in den Sack mit den unentbehrlichen Erinnerungen.

Es wurde ein Uhr, Zeit zum Mittagessen. Hecker machte sich auf den Weg zum Büro der Art Directorinnen, wie er es jeden Tag getan hatte. «Na», fragte er, «Hunger? Noch einmal in die Kantine? Das letzte Mal.»

Er erschrak, weil es schon wieder ein letztes Mal war. Zum letzten Mal an seinem Schreibtisch sitzen. Zum letzten Mal den Computer einschalten. Zum letzten Mal zum Kaffeeautomaten gehen. Und jetzt eben das letzte Mal zum Mittagessen in die Kantine.

Er wusste gar nicht, wie er das in Zukunft handhaben sollte. Würde er sich jetzt mittags etwas zu Hause kochen? Zu aufwendig. Ins Restaurant gehen? Zu teuer. Und er wunderte sich, dass ihm diese Fragen erst jetzt in den Sinn kamen. Andere hätten vermutlich schon seit Wochen darüber nachgedacht und eine Entscheidung getroffen. Und ihm fiel das jetzt erst ein. Vorausschauen war eben nicht seine Stärke, Lebensplanung ungenügend, setzen, Hecker! Wahrscheinlich würde er sich mittags einfach ein Brot schmieren und alleine essen. Was für Aussichten.

Am Nachmittag hatte Hecker dann eine Runde durch die Redaktion gedreht, hatte noch einmal bei den

Kollegen vorbeigeschaut, mit denen ihn besonders viel verbunden hatte, es waren nicht wenige. Schnell noch einen Kaffee da und einen dort, Abschiedsgespräche, Hecker hörte nicht genau hin, redete irgendetwas, damit etwas geredet wurde. Hatte wieder jenes Gefühl, das ihn in den vergangenen Wochen so oft begleitet hatte, als wäre er in Watte gepackt. Nur dass die Watte heute so dick war wie noch nie.

Sein Handy läutete. Ob er nicht schnell in den zweiten Stock kommen könne, sagte eine Kollegin aus der Auslandsredaktion, eine junge Frau, höchstens Mitte dreißig, Hecker kannte sie kaum, sie war noch ziemlich neu. Es gebe ein Problem, vielleicht könne er helfen. «Natürlich», sagte Hecker, «bin gleich da.» Sie bearbeite da einen Artikel über die schwierige Regierungsbildung in Italien, sagte die Kollegin dann, und Italien sei doch immer eins seiner Spezialgebiete gewesen. Ob er schnell einmal den Text überfliegen könne, ob das alles korrekt sei, sie selbst sei nicht so genau im Stoff, das wäre ihr eine große Hilfe. Außerdem sei ihr bisher kein brauchbarer Titel für den Artikel eingefallen, vielleicht habe er eine Idee, als Überschriftenmacher eile ihm ja ein gewisser Ruf in der Redaktion voraus.

Hecker fühlte sich geschmeichelt. Las den Artikel, machte kleine Anmerkungen und schließlich auch ein paar Überschriftenvorschläge. Fühlte sich nützlich, von wegen altes Eisen. Aber er überlegte sogleich, ob das nicht eine von den Kollegen geplante Aktion gewesen sei: den Alten zurate ziehen, ihm noch einmal das Gefühl von Wichtigkeit zu geben, von Unersetzbarkeit. Aber er verwarf den Gedanken sofort. Es war eben ganz normaler Alltag in der Redaktion. Man fragte irgendeinen, wenn man selbst nicht weiterkam. In anderen Berufen war das gewiss nicht anders, die Jungen fragen die Alten, und die Alten haben dann schon einen Kniff parat. Hecker konnte nicht leugnen, dass ihm das gutgetan hatte. Die Watte um ihn fühlte sich ein bisschen weniger dick an.

Ich bin ein hoffnungsloser Fall, dachte Hecker, kaum bekomme ich ein kleines bisschen Bestätigung, geht es mir besser. Wie ein Schuljunge, der vom Lehrer gelobt wird. Dabei hatte er doch oft genug erfahren, wie flüchtig so ein Lob ist, wie wenig Komplimente bedeuten. Wie schwach muss einer sein, der sich so abhängig macht vom Zuspruch anderer. Aber vielleicht, dachte er weiter, hat das tatsächlich mit diesen früheren Zeiten zu tun, vielleicht hat das alles schon in der Schule begonnen. Gute Noten hatten ihm immer viel bedeutet, er lernte gern und eifrig. Und der Motor dieses Eifers, da war er sich sicher, war die Anerkennung, die er durch andere erfuhr. Durch Lehrer, durch Mitschüler, durch die Eltern. Durch sie ganz besonders. In seinem Elternhaus hatte ein strenges Regiment geherrscht. Er erinnerte sich an die Dramen, wenn er bei einer Klassenarbeit versagt hatte, an die Enttäuschung seiner Eltern, an Strafen. Und es kam ihm ein Satz in den Kopf, den sein

Vater immer wieder zitiert hatte, nichts anderes schien ihm den Vater – er war seit mehr als zehn Jahren tot – genauer zu charakterisieren als dieser Satz: «Ich schlief und träumte, das Leben sei Freude. Ich erwachte und sah, das Leben war Pflicht. Ich handelte, und siehe: Die Pflicht war Freude.» Er stammte von einem indischen Philosophen. Hecker wunderte sich noch heute darüber, mit der Philosophie hatte es der Vater eigentlich nie besonders gehabt, schon gar nicht mit der indischen.

Natürlich hatte Hecker diesen Satz in späteren Jahren oft verlacht, sich aufgelehnt gegen diese Ethik aus lauter Pflichten, die das Lebensglück nur aus Geboten, Schuldigkeiten und Notwendigkeiten gedeihen lassen wollte. Aber er musste sich eingestehen, dass dieser Pflichtdrill tief in ihm verwurzelt war. Leistung war für ihn zu einem Grundprinzip geworden. Und nicht nur für ihn. Das ganze Leben, die ganze Welt huldigte diesem Prinzip. Die Schule sowieso, die Leistung erst messbar machte. 13 Jahre Noten für Klausuren, Mitarbeit, für Fleiß und Betragen, Halbjahreszeugnisse, Jahresabschlusszeugnisse, Abitur. Eine Kindheit, die benotet wurde, ununterbrochen. Und die Anforderungen wurden höher, Studium, wieder Klausuren, Prüfungen, Hausarbeiten, Diplomarbeit. Wer keine Leistung bringt, hat hier nichts verloren. An der Schule nicht, an der Universität nicht, im Leben nicht.

Denn nach der Ausbildung hörte das ja nicht auf. Nur wer etwas leistet, findet einen Job. Und wer im

Beruf gut ist, findet einen noch besseren Job, wird befördert, vielleicht sogar in eine Führungsposition, bekommt ein höheres Gehalt. Nur wer etwas leistet, kann sich etwas leisten. Der Satz könnte von meinem Vater stammen, dachte Hecker.

Und jetzt, vom heutigen Tag an, war dieses Leistungsprinzip außer Kraft gesetzt. Plötzlich. Auf einen Schlag. Mit dem Fallbeil. Was er gelernt hatte, 60 Jahre lang, galt nicht mehr. Ansehen, Fortkommen, Wohlergehen hingen von nun an nicht mehr von Leistung ab. Selbst das Geld, das jeden Monat auf sein Konto überwiesen wurde, war nicht mehr an eine Leistung gekoppelt.

Es ist die größte Zäsur meines Lebens, dachte Hecker. Er konnte sich an nichts Vergleichbares erinnern. Die Heirat und die erste Ehe, die Geburt der Kinder, die Scheidung, die zweite Ehe waren gravierende Einschnitte in seinem Leben gewesen, Herausforderungen, die ihn manchmal überforderten, aber all das hatte sich in einem Rahmen bewegt, den Hecker kannte, mit dem er vertraut war und mit dem er umgehen konnte. Es war schwieriger geworden, das Leben, aber es war kein Lebensprinzip umgestoßen worden. Jetzt aber war das so. Und Hecker war sich sicher, dass dieses Lebensprinzip für ihn auch ein lebenserhaltendes Prinzip gewesen war. Auch wenn er es zu Zeiten verflucht hatte, sich von Anstrengungen und Mühen manches Mal erdrückt fühlte, so war dieses Prinzip doch immer etwas gewesen, das ihn antrieb, nach vorne schob, weiterbrachte. Das ihn davon abhielt, sich gehen zu lassen. Die Mühle Arbeit, sie hatte immerhin dafür gesorgt, dass sich die Räder seines Lebens drehten.

Die Arbeit war zu seiner Identität geworden. Bei Frauen seiner Generation, das hatte Hecker oft erfahren, war das häufig anders. Bei denjenigen Frauen, die in traditionellen Rollenbildern verharrten, sowieso, aber auch bei berufstätigen sah er selten diese einseitige Fixierung auf die Arbeit. Nicht dass deren Leben weniger anstrengend gewesen wäre, im Gegenteil, aber ihre Biographien schienen ihm vielschichtiger. Nicht so beschränkt auf das Berufsleben, nicht so begrenzt auf die Arbeitswelt, sondern offener für alles, was jenseits davon lag, Familie, Kinder, Freundschaften. Hecker hatte das oft bei Franziska beobachtet, ein Leben ohne Berufstätigkeit war für sie nie denkbar gewesen, aber sie war ihr nie über alles gegangen. Sie war ein Teil ihrer Identität, aber sie machte sie nicht ausschließlich aus. Hecker hatte sie darum immer beneidet, sie schien ihm freier als er, keine Sklavin ihres Berufs. Weshalb ihr der Übergang in die Rente vermutlich leichter fallen würde als ihm. Aber bis dahin waren es ja noch ein paar Jahre.

Hecker war immer ein wenig neidisch auf die Frauen gewesen. Auch wenn er wusste, dass die unterschiedlichen Arbeitsbiographien der Geschlechter von ihrer Ungleichbehandlung herrührten. Davon, dass Frauen auf Haus und Kinder beschränkt waren, während Männer ihr Fortkommen jenseits des Hauses suchen konnten. So einschnürend das für Frauen immer gewesen ist – auch die Männer erfuhren dadurch eine Begrenzung. Weil sie in eine Abhängigkeit von der Erwerbsarbeit gerieten, die sie das Leben mit dem Arbeitsleben verwechseln ließ und zu einer Art Gefangenschaft führte. Eingespannt in den ewig gleichen Trott, wurden sie zu grauen Herren, die meinten, ihr Selbstwertgefühl aus ebendiesem Trott ziehen zu müssen. Ihre Welt war reduziert auf die Arbeitswelt, ihren Takt bestimmten die Stechuhr, die Fabriksirene, Arbeitsbeginn, Arbeitspausen, Arbeitsende. Und weil sie nichts anderes kannten, nichts anderes gelernt hatten, schien vielen die Befreiung von der Arbeit, der Ruhestand, wie eine neue Gefangenschaft. Eine Freiheit, mit der sie nichts anfangen konnten, die Abwesenheit jenes Lebensprinzips. Kein Wunder, dass so viele bald nach dem Renteneintritt erkrankten oder schnell starben. Der eindimensionale Mensch ist ein Mann.

Hecker kam Karin in den Sinn, die alte Bekannte aus Wohngemeinschaftstagen, die nun als pensionierte Lehrerin eine Aktivität an den Tag legte, die ihm angst und bang gemacht hatte. Vielleicht hatte er ihr unrecht getan, vielleicht war dieses Übermaß an Beschäftigungen gar nicht hauptsächlich aus einer Flucht vor ihrer Rentnerwirklichkeit geboren, wie er gemutmaßt hatte, sondern war einfach Folge einer weniger eingeschränkten Biographie. Sie interessiert sich für viel mehr als ich, dachte Hecker, ich bin immer an meiner Arbeit kleben geblieben. Darum fällt ihr jetzt so viel ein, was sie in ihrer freien Zeit machen kann, und mir so wenig.

Dabei ist Arbeit in dieser Form, wie Hecker sie erlebte, eher ein Phänomen jüngerer Zeit. In der Antike genoss der Müßiggang größtes Ansehen. Der freie Mensch war in erster Linie ein von Arbeit freier Mensch. Der soziale Status bemaß sich nicht nach der erbrachten Arbeitsleistung, im Gegenteil, sie schadete ihm. Aristoteles erklärte: «Arbeit und Tugend schließen einander aus.» Denn Tugend erwirbt nur, wer sich um so niedrige Dinge wie den täglichen Broterwerb nicht kümmern muss. Eine Philosophie, die allerdings nur auf der Basis einer Gesellschaftsordnung gedeihen konnte, die auf einem Gewaltakt gründete: Für die Arbeit – irgendjemand musste sie schließlich erledigen – waren ja die anderen da, die Menschen, die man millionenfach versklavt hatte und um deren Tugend man sich tunlichst keine Gedanken machte. Die Wertschätzung von Arbeit und Müßiggang war immer schon ein Spiegel der gesellschaftlichen Verhältnisse.

Die christlich-jüdische Tradition hatte ein ambivalentes Verhältnis zur Arbeit. Sie wurde als Fluch und Strafe begriffen, die Gott über die sündigen Menschen verhängt hatte. «Im Schweiße deines Angesichts sollst du dein Brot essen», heißt es im ersten Buch Mose. Dieses göttliche Donnerwort stand über der Vertreibung aus dem Paradies nach dem Sündenfall von Adam und Eva. Zugleich aber zitiert der Evangelist Matthäus im Neuen Testament die Worte Jesu: «Seht die Vögel unter dem Himmel an: Sie säen nicht, sie ernten nicht, sie sammeln nicht in den Scheunen; und euer himmlischer Vater ernährt sie doch.» Man sieht: Jesus war mit seiner Arbeitsethik gar nicht weit von Aristoteles entfernt. Es war erst der Apostel Paulus, der damit gründlich aufräumte: «Wer nicht arbeitet, soll auch nicht essen.» Und in der Folgezeit einigte man sich darauf, dass Arbeit und die Freiheit von Arbeit nebeneinanderzustehen hatten, zusammengehörten. Nichts drückt das pointierter aus als die Ordensregel des heiligen Benedikt: Ora et labora, bete und arbeite!

Zentrale Bedeutung gewann die Arbeit im ausgehenden Mittelalter und zu Beginn der Neuzeit. Die Entstehung der Städte und des Stadtbürgertums als Gegenentwurf zur feudalen Gesellschaftsordnung forderte den tätigen Menschen. Gegen das parasitäre Aristokratendasein wurde nun ein neues Ideal aufgerichtet: dass man es zu Ansehen und Wohlstand nicht nur durch die Gnade adeliger Geburt, sondern auch durch seiner Hände Arbeit bringen könne. Arbeit wurde mit Ehrbarkeit gleichgesetzt, sie war die Basis für das junge Selbstbewusstsein des frühen Bürgertums, es schuf sich Regeln und Organisationsformen, etwa die Zünfte. Noch im heutigen Sprachgebrauch meint das Wort «zünftig» ja: nach allen Regeln der Kunst; Behaglichkeit, die sich ihres Wertes sicher ist.

Je weiter sich der gesellschaftliche Graben zwischen faulen Aristokraten und tätigen Bürgern auftat, je mehr sich die Waage der Geschichte zur Seite des Bürgertums neigte, umso mehr gewann auch die Arbeit an Gewicht. In den Schriften der Aufklärer wurde sie nicht nur zur Basis jedes zivilen Zusammenlebens erhoben, sondern auch zum Herzstück der Selbstverwirklichung des Menschen. Das Aufkommen des Kapitalismus und der technologische Fortschritt führten zur protestantischen Arbeitsethik, in der die Muße als vergeudete Zeit galt und die Arbeit zum eigentlichen Lebenssinn wurde. So schrieb Immanuel Kant: «Je mehr wir beschäftigt sind, je mehr fühlen wir, dass wir leben, und desto mehr sind wir uns unseres Lebens bewusst. In der Muße fühlen wir nicht allein, dass uns das Leben so vorbeistreicht, sondern wir fühlen auch sogar eine Leblosigkeit.» Wobei diejenigen, die ihren Broterwerb durch harte körperliche Arbeit leisten mussten, womöglich ein wenig anders über die Muße gedacht haben. Kant brauchte seine Hände nur zum Schreiben.

Arbeit wurde zum Menschenrecht. Und schuf im 18., vor allem aber im 19. Jahrhundert völlig neue Verhältnisse. Es entstand der Arbeitsplatz. Die Industrialisierung entfernte den Ort der Arbeit von ihrem bis dahin angestammten Platz, von Haus und Familie und verlegte ihn in Fabriken, Manufakturen, Bergwerke und später auch in Büros. Erst diese Trennung schuf jenen Arbeitsalltag, wie wir ihn heute kennen. Arbeit, Wohnen und Freizeit fielen auseinander. Noch heute tragen Städte vielfach die Zeichen dieser Aufteilung, Zonen der Produktion, Fabrikgelände, Werkstätten, Büros, und anderswo die Bereiche der Reproduktion, Wohnviertel, Konsummeilen. Die moderne Arbeitsgesellschaft war entstanden.

Mit den bekannten Problemen. Abhängige Arbeit war immer schon ein Ausbeutungsverhältnis gewesen, aber nun wurde diese Ausbeutung zum Massenphänomen. Es entstand die Arbeiterbewegung, die für kürzere Arbeitszeiten und bessere Arbeitsbedingungen kämpfte, bis aus dem frühen brutalen Manchester-Kapitalismus immerhin der Sozialstaat und später die soziale Marktwirtschaft wurden.

Der Widerstreit zwischen Müßiggang und Arbeit war da längst entschieden. Arbeite was, dann bist du was, hieß das Ergebnis. Mochte es auch vereinzelte Widerspruchsgeister geben, Dandys, Flaneure, Playboys oder auch Friedrich Nietzsche, der im 19. Jahrhundert noch in bester aristotelischer Manier schrieb: «Der müßige Mensch ist noch immer der bessere Mensch als der tätige.»

Den fallenden Wert des Müßiggangs im Kapitalismus hat keiner besser auf den Punkt gebracht als der Dichter Georg Herwegh, der – ebenfalls im 19. Jahrhundert – reimte: «Bet und arbeit, ruft die Welt,/bete kurz, denn Zeit ist Geld.»

Hecker hatte im Verlagshaus inzwischen seine Abschiedsrunde beendet, hatte noch einmal in sein nunmehr leeres Büro gesehen, konnte sich seiner Wehmut nicht erwehren und fand, dass es mehr war als das. Es war ein Moment des Schmerzes, und obwohl er bei seinen Schlussgesprächen so viel Anerkennung, Wertschätzung, ja sogar Zuneigung erfahren hatte, fühlte er sich nun verlassen und allein. Das Gefühl, in Watte gepackt zu sein, das ihn in den vergangenen Wochen begleitet hatte, war verschwunden, es war kein schwer definierbares Unbehagen mehr, sondern ein ganz direkter Schmerz, er saß mitten im Herz. Ich habe hier nicht nur gearbeitet, dachte er, eigentlich habe ich hier beinahe gewohnt.

Hecker versuchte, sich zu benehmen. Keine Regung zeigen, sagte er sich, nicht das Gesicht verlieren, nicht jetzt, in letzter Minute, keine Sentimentalitäten. Er redete sich zu wie einem kranken Kind. Es war Zeit jetzt, gleich halb sieben, er musste in die Kantine zu seinem Abschiedsfest. Als würde ich auf meine eigene Beerdigung gehen. Aber natürlich verbot er sich, so etwas zu denken.

Er war sofort überwältigt, als er die Kantinenräume im Erdgeschoss des Verlagshauses betrat. Viele waren gekommen, fast alle, wie es schien. Und sie waren jetzt schon da, kamen nicht erst später, wie er es bei ähnlichen Anlässen oft erlebt hatte, wenn es ans Essen und Trinken ging. Hecker war gerührt, der Abend ließ sich besser an, als er vermutet hatte. Der Chefredakteur hielt eine kleine Ansprache, und Hecker schien sie keine Pflichtübung zum Lobe eines altgedienten Kollegen zu sein. Er sparte nicht mit Worten der Anerkennung, pries seinen Einsatz und Arbeitsernst, insbesondere sein unermüdliches Beharren auf sprachlicher Qualität. Vergaß auch nicht zu erwähnen, dass Hecker erst kürzlich, es war gerade ein paar Monate her, beinahe das Erscheinen der Zeitschrift verhindert hatte, weil er im letzten Moment, Minuten vor Redaktionsschluss, einen falschen Computerbefehl eingeben hatte, was mehrere Texte wie von Geisterhand verschwinden ließ. Die Techniker aus dem Layout hatten im letzten Augenblick eine Katastrophe verhindern können.

Hecker lief es in diesem Moment noch einmal kalt den Rücken hinunter. Die Situation damals war wirklich brenzlig gewesen. Die Kollegen hatten hinterher natürlich ihre Scherze gemacht. So alte Männer wie Hecker seien eben ein Sicherheitsrisiko. Der konnte wenig dagegen einwenden, sein Versagen war offensichtlich, aber er schob es weniger auf sein Alter als vielmehr auf sein grundsätzliches Desinteresse an computertechnischen Fragen. Aber vielleicht hatte genau das ja mit dem Alter zu tun.

Der Chefredakteur sprach auch darüber, dass Hecker, bei all seiner Zurückhaltung, für ihn manchmal ein anstrengender Kollege gewesen war, weil er gerne widersprach. «Aber ich danke Ihnen auch für den Widerspruch», sagte er, «er hat uns oft weitergebracht.» Und Hecker war es, als hätte er gar nichts Schöneres sagen können.

Die eigene Rede, Hecker hatte sie zu Hause vor Franziska mehrmals geübt, wurde immer wieder von Zwischenapplaus unterbrochen und erntete schließlich langen Beifall. Und der Höhepunkt der Rührung war erreicht, als ein offenbar heimlich zusammengestellter Kollegen-Chor auftrat und ihm ein Ständchen brachte, bei dem sich so manches auf seinen Namen reimte, «Erwecker» und «Vollstrecker» und «lecker», aber auch «mecker». Hecker lachte, und obwohl er zu Tränen nicht neigte, hatte er Mühe, sie zurückzuhalten.

Der offizielle Teil war dann vorüber, Hecker saß mal an diesem Tisch und mal an jenem, und das Reden war ein Reden über gestern. Aber anders als an jenem Abend mit den Ex-Kollegen war Hecker diesmal keineswegs irritiert über diese Form der Vergangenheitsaufarbeitung und trug selbst mit Geschichten von früher dazu bei. Worüber hätte man sonst reden sollen? Abschiede haben nun einmal mit Vergangenheit zu tun.

Es war jene Kollegin aus dem zweiten Stock, die ihn vorher gebeten hatte, ihr bei dem Italien-Beitrag zur Hand zu gehen, die Hecker an diesem Abend das schönste Erlebnis bescherte. Er sah sie irgendwo abseits der Kollegen stehen, sie schien ihm als Neuankömmling ein wenig allein. Hecker ging auf sie zu, sagte ein paar Belanglosigkeiten und ging dann zum

Direktangriff über: Ob das vorhin eine geplante Aktion gewesen sei, ihm, dem Abschiednehmer, noch einmal das Gefühl der Unersetzlichkeit zu geben?

Wie er denn darauf komme? Nein, sie habe aus einer Not gehandelt, aber auch aus dem Bedürfnis, einmal mit ihm zusammenzuarbeiten, sie kenne ihn ja kaum. Das, sagte sie, habe sie doch noch ausprobieren wollen, bevor es zu spät dafür sei.

«Und», fragte Hecker, «habe ich den Test bestanden?»

«Ich heiße Laura», gab sie zur Antwort, und sie wisse, dass es völlig ungebührlich sei, jetzt zum Du überzugehen, er sei schließlich doppelt so alt wie sie.

Hecker, trotz des allzu konkreten Verweises auf sein Alter aufs äußerste geschmeichelt, sagte, dass er Thomas heiße.

«Es wird übrigens nicht unser letztes Zusammentreffen sein», sagte Hecker dann. Natürlich werde er in Zukunft weiter Texte für die Zeitschrift schreiben, «und nicht zu knapp», versicherte er, speziell über sein Fachgebiet Italien, da werde man gewiss wieder miteinander zu tun bekommen. Sie freue sich darauf, sagte Laura, die Älteren mit ihrem Wissen seien unentbehrlich.

Hecker, der davon nicht im Geringsten überzeugt war, stimmte vollen Herzens zu.

Später holte ein Kollege, auch einer der jüngeren, eine Gitarre hervor und begann, alte Schlager zu singen. Hecker wunderte sich, dass der junge Mann sie kannte, aber er sang aus Leibeskräften mit. «Schuld war nur der Bossa Nova», «Liebeskummer lohnt sich nicht, my darling», «Rote Lippen soll man küssen». Er habe ja eine sehr schöne Stimme, sagte der Gitarrenspieler, ob er sich nicht auch aufs Gitarrespielen verstehe und etwas zum Besten geben wolle. Hecker nahm die Gitarre, obwohl er so ein Instrument seit Jahrzehnten nicht mehr in der Hand gehalten hatte, und sang etwas aus dem Repertoire des italienischen Arbeiterliedguts, es war ihm peinlich und egal zugleich. «Zugabe» schallte es aus den Reihen der Kollegen, die sich inzwischen merklich gelichtet hatten. Hecker trug nun noch das nicht wenig alberne Tucholsky-Lied «Anna-Luise» vor, mit dem er in sehr jungen Jahren seine Freunde in der Wohngemeinschaft gequält hatte.

Es ist gut jetzt, dachte er, zu viel Alkohol, zu viel Hecker.

Er verabschiedete sich, drückte ein paar Hände, viele waren es nicht mehr, und beeilte sich. Franziska würde warten.

Mit ihr hatte er zuvor lange darüber geredet, ob sie nicht auch dabei sein wolle an diesem denkwürdigen Abend. Sie waren zu dem Schluss gekommen, dass sie es auch jetzt so halten wollten, wie sie es immer gehalten hatten: Jeder hat seine Sphäre, jeder seine Welt, zumindest was die Arbeit anbelangte. «Du bist Zeitschrift, ich bin Übersetzung», hatte Franziska gesagt.

Hecker nahm ein Taxi, das Fahrrad traute er sich nicht mehr zu.

Als er in die Wohnung kam, lag Franziska schon im Bett. Aber sie war noch wach, sie hatte auf ihn gewartet.

«Jetzt bin ich arbeitslos», sagte Hecker.

«So schlimm ist es nicht», sagte Franziska, «du bist nur die Arbeit los.»

ALTE LIEBE

Hecker macht Urlaub, schaut am Strand
den Frauen nach und findet, dass er dafür noch
jung genug ist

Als sich Hecker am nächsten Tag seinen Morgentee brühte, war Franziska schon lange in ihrem Büro. Er war länger im Bett geblieben als üblich, der Alkohol vom Vorabend hatte ihm einen tiefen Schlaf beschert. Auf dem Frühstückstisch lag ein Umschlag, er erkannte die Handschrift von Franziska. «Dem Schein-Rentner» stand auf dem Kuvert. Darin war eine Karte, die auf der Vorderseite ein altes Ehepaar zeigte, Mann und Frau saßen auf zwei Schaukeln, die hoch in den Himmel schwangen. Auf die Rückseite hatte Franziska geschrieben «Lieber Thomas, der 1. Oktober ist nicht nur ein schlimmer Tag. Es wird auch gute Erinnerungen an ihn geben. Wir werden ihn im ‹Margaux› feiern, ich lade Dich ein.»

Hecker pfiff durch die Zähne. Das «Margaux», gleich hinter dem Brandenburger Tor, war eines der luxuriösesten Lokale der Stadt. Franziska und er hatten schon mehrmals davorgestanden und die Speisekarte studiert. Zu teuer, hatten sie jedes Mal befunden, bei aller Liebe. Aber heute Abend nun: das «Margaux», trotz alledem.

Genau deshalb, dachte Hecker. So schlimm steht es um mich, dass den Tag nur ein Geschenk retten kann, ein maßloses Geschenk. Aber er war gerührt.

Die Rente lässt sich gut an, fand er. Aber warum sie das Wort «Schein-Rentner» auf das Kuvert geschrieben habe, fragte er Franziska, die zur Feier des Tages schon kurz nach Mittag nach Hause kam. Was das Rentnerdasein angehe, war seit dem heutigen Tag doch wirklich mehr Sein als Schein.

«Weil ich mir nicht vorstellen kann, dass du wirklich ein Rentner sein wirst», antwortete Franziska. Er würde nicht auf Parkbänken in der Sonne sitzen, Enten füttern und sich vor sich hin langweilen. Oder gar drüben vor dem Supermarkt bei der Imbissbude herumlungern, wo sich immer ein paar ältere Männer trafen und die Zeit totschlugen, eine seltsame Versammlung, sie wisse gar nicht, wer das sei, Obdachlose, Rentner, keine Ahnung. Unvorstellbar bei einem wie ihm, das wisse er selbst. Im Übrigen, sagte sie, wenn jemals so ein Schlendrian einzureißen drohe, dann gebe es schließlich noch sie. Niemals würde sie so etwas zulassen.

Und damit der Ruhestand gleich gar nicht ruheständlerisch beginne, könne man jetzt doch eine kleine Joggingrunde drehen, das mache den Kopf klar und Appetit für den heutigen Abend. Hecker versuchte es mit ein paar gewohnheitsmäßig vor sich hin gemaulten Einwänden, einen alten Mann scheuche man doch nicht einfach auf die Straße wie einen Hund, aber dann schnürte er seine Laufschuhe, ging mit Franziska vom Haus an der Spree die Treppen hinunter zum Flussufer, und die beiden trabten den alten Weg entlang, den sie oft schon gelaufen waren. Am Schloss Bellevue vorbei bis zum Kanzleramt und dann in einem großen Bogen durch den Tiergarten zurück, gut fünf Kilometer. Hecker hatte gegen Ende Mühe, Franziskas Schritt zu folgen, jammerte ab und zu, sie möge auf sein fortgeschrittenes Alter Rücksicht nehmen, aber eigentlich kam er gut voran.

Zu Hause war es dann Zeit, die Koffer zu packen, am nächsten Tag, frühmorgens, würde der Flug nach Olbia starten, vier Wochen Sardinien. Hecker war voller Vorfreude, und der erste Rententag fühlte sich nicht wie ein Rententag an. Schein-Rentner eben.

Die Krönung des Tages wartete ja noch. Franziska bestellte im «Margaux», ohne mit der Wimper zu zucken, das große Menü, sieben Gänge, bitte zweimal. Hecker zuckte durchaus mit der Wimper, als er die Preise auf der Karte sah, fand dann aber, dass man die Feste feiern müsse, wie sie fallen, fragte sich kurz, was das jetzt wieder für ein seltsamer Ausdruck sei – wieso fallen Feste? –, und machte sich dann mit ungetrübtem Vergnügen über die ersten Vorspeisen her. Er dankte Franziska bei jedem Gang aufs Neue für diese Überraschung – und machte plötzlich schlapp. Stöhnte schon nach dem vierten Teller, sein Magen könne diese Mengen nicht mehr vertragen, unglaublich, früher habe er so etwas weggeputzt wie nichts, nahm vom fünften Gang noch ein wenig, vom sechsten fast nichts mehr und ließ den siebten zurückgehen. «Schade darum», sagte er zu Franziska, sie habe es so gut gemeint, und nun versage er, könne die Küchenkunstwerke gar nicht genießen. Sie versuchte, ihre Enttäuschung zu verbergen. Es gelang ihr nicht ganz, schließlich war es ihr Geschenk. Noch dazu eins, das sie sich im Grunde gar nicht mehr leisten durften.

«Alterserscheinung», sagte Hecker, «wahrscheinlich muss ich ab jetzt Seniorenteller bestellen.»

«Was ist eigentlich ein Seniorenteller?», fragte Franziska. «Wahrscheinlich etwas für alte Zähne, die nicht mehr gut kauen können.»

Hecker wusste es besser, es gehe nicht um alte Zähne, sondern um alte Mägen. Seniorenteller hätten nichts mit der Konsistenz des Essens zu tun, sondern mit dessen Menge. Von einem gewissen Alter an könne man nicht mehr so viel vertragen, das habe sie doch gerade gesehen. Es sei eine Schande, sagte er, alles werde kleiner mit dem Alter – außer den Ohren, fügte er mit einem leicht beleidigten Lachen hinzu –, «alles wird kleiner, sogar der Magen, sogar die Fresslust». Er fühle sich jetzt vollgestopft wie ein alter Sack. Er bitte, das wörtlich zu nehmen.

Einen Espresso bestellte er dann doch noch.

Zu Hause angekommen, gingen sie zeitig ins Bett, der Wecker würde morgen sehr früh klingeln. Etwas wolle sie aber schnell noch loswerden, sagte Franziska. Ob ihm aufgefallen sei, dass er andauernd von seinem Alter spreche, «alle paar Minuten, ich kann gar nicht mehr zählen, wie oft du das heute gesagt hast». Er möge damit aufhören, es gehe ihr auf die Nerven.

Hecker versprach es.

Der nächste Tag bot auch keinen Anlass für weitere Klagen. Sardinien zeigte sich von seiner schönsten Frühherbstseite, die Temperaturen waren warm und mittags sogar heiß, nur am Abend wehte ein kühler Wind. Die Ferienwohnung lag in einem Haus direkt über den roten Klippen, ein Adlerhorst mit einem Blick ins Unendliche, und Hecker wunderte sich, dass die Wohnung so günstig zu haben war. Na ja, dachte er dann, Nachsaison. Jedenfalls schien sie ihm mit ihrer romantischen Lage eher für Flitterwochen geeignet als für seinen ersten Rentnerurlaub. Aber im Grunde fand er keinen Moment, dass das hier mit Rentnerurlaub zu tun hatte, es war ein Urlaubsgefühl wie in all den Jahren zuvor. Zudem legten sich Franziska und er keineswegs auf die faule Rentnerhaut, sondern fuhren mit dem Auto, das sie gemietet hatten, auf der Insel herum, nach Norden zu den Stränden und Luxusvillen der Costa Smeralda, noch Westen zu den Höhlen von Bosa, nach Süden in die Hauptstadt Cagliari. Manchmal zogen sie die Wanderstiefel an, fuhren in die Berge, die sich nahe ihrer Ferienwohnung erhoben, bestiegen den Gennargentù und den Sopramonte, die höchsten Berge Sardiniens. Dazwischen lagen sie am Strand, und Hecker sah Franziska zu, wie sie so weit hinausschwamm, dass sie kaum mehr zu sehen war. Er selbst wagte sich höchstens hundert Meter ins Meer, aber das lag nicht an seinem Alter, sondern daran, dass er zeit seines Lebens ein miserabler Schwimmer gewesen war. Und er hielt sich an sein Versprechen, vom Alter redete er nicht.

Am schönsten waren die Abende auf der Terrasse ihrer Wohnung, wenn sie zusammen etwas gekocht hatten, Nudeln oder diese rätselhaften sardischen Würste, die nach einem Gewürz dufteten, das Hecker nicht kannte, irgendeine Art von Majoran, vermutete er. Dann saßen sie meist lange in ihrem Vogelnest, schauten aufs Meer, tranken Wein, häufig den heimischen Cannonau. Sie waren vergnügt miteinander, und manchmal sagte der eine oder die andere, ob man nicht hineingehen wolle, man könne den Wein ja auch im Bett weitertrinken.

Hecker war glücklich in diesen Tagen. Die Nähe zu Franziska hatte in ihren zwanzig gemeinsamen Jahren ja nie aufgehört. Aber sie war, gelegentliche Überraschungen nicht ausgeschlossen, doch nach und nach zu einer Art von Freundschaft geworden, zu einer so tiefen Freundschaft, wie Hecker sie nie zuvor kennengelernt hatte. Vielleicht, dachte er oft, ist erst das wirklich Liebe. Wenn das Begehren zurücktritt und Platz macht für dieses dauerhafte, durch nichts zu erschütternde Gefühl der Verbundenheit. Nicht, dass das Begehren ganz verschwunden wäre, aber es hatte eine andere Bedeutung bekommen. Es war nicht mehr von der Dringlichkeit früherer Zeiten, konnte sein, musste nicht sein. Geblieben waren Hecker die Phantasien, geblieben waren die Blicke, die er auf Frauen warf, die wollten nicht aufhören, und er hoffte, dass es diskrete Blicke waren.

Vor ein paar Wochen, es musste im August gewesen sein, war ihm etwas Erstaunliches widerfahren. Hecker hatte sich am Abend nach dem Dienst mit Freunden in einer der Bars der Stadt verabredet, Franziska war auch dabei und wartete schon, und als er zur Tür hereingekommen war, sah er gleich neben dem Eingang eine junge Frau an einem Tisch sitzen, ganz allein, Anfang dreißig vielleicht. Sie hatte lange dunkle Haare, das Gesicht war auffällig schmal geschnitten, und es war etwas Ernsthaftes an ihr, was Hecker gefiel. Als er vorüberging, bemerkte er, dass sie ihn ansah, ihm direkt ins Gesicht blickte. Hecker hielt es für eine Täuschung, wahrscheinlich war der Wunsch der Vater des Blickes, er suchte und fand die Freunde am anderen Ende der Bar, bestellte sich ein Bier und hatte die Frau am Eingang gleich vergessen.

Er war noch nicht lange in der Bar, als sein Handy

klingelte. Einer seiner Autoren. Er sei gerade an einer heiklen Stelle eines Artikels, ob er sich schnell mit Hecker beraten könne, es werde nicht lange dauern. Moment, sagte Hecker, da müsse er mit dem Telefon schnell auf die Straße gehen, man verstehe hier sein eigenes Wort nicht. Als er zum Ausgang kam, sah er die junge Frau noch immer allein an ihrem Tisch sitzen. Sie hatte ein Glas Weißwein vor sich.

Auf der Straße war das Notwendige dann schnell besprochen, Hecker gab den einen und anderen Tipp, tauschte noch ein paar Höflichkeiten aus und kehrte wieder zurück in die Bar. Auch diesmal fühlte er einen langen Blick der Dunkelhaarigen auf sich, und als er genauer hinsah, meinte er, in dem ernsten Gesicht ein Lächeln zu entdecken, das ihm galt. Ja, er war sich nun sogar ziemlich sicher, dass sie ihn angelächelt hatte. Je sicherer er sich wurde, umso mehr irritierte es ihn.

Er saß dann wieder am Tisch mit den Freunden, das Gespräch drehte sich um den neuen Film von Woody Allen, den fast alle in der Runde gesehen hatten, und man war sich einig, dass der alte Meister schon bessere Zeiten erlebt hatte. Hecker nahm ein wenig zerstreut am Gespräch teil, das Lächeln der Frau ließ ihn nicht los, und er hätte zu gerne gewusst, ob er sich das nun eingebildet hatte oder nicht.

Sie saßen noch eine gute Stunde, dann brachen sie auf. Hecker bahnte sich mit Franziska den Weg durch das Menschengedränge. Die junge Frau saß noch immer am Tisch neben der Tür. Als sie ihn gewahr wurde, stand sie plötzlich auf, machte zwei Schritte auf Hecker zu, strich ihm mit der Hand über den Arm, über den Sakko-Ärmel, lächelte ein weiteres Mal und war augenblicks im Getümmel der Bar verschwunden. Hecker stand verdutzt da, verwirrt, verwundert.

«Respekt», sagte Franziska.

Hecker war dergleichen schon lange nicht mehr passiert, und wenn er es recht bedachte, eigentlich noch nie. Er löste sich aus seiner Starre und begriff nicht, was gerade geschehen war. Eine Erscheinung? Eine Verwechslung? Bestimmt.

«Was war das denn?», fragte er, als er mit Franziska draußen auf der Straße stand.

«Sie wird dich halt nett gefunden haben», sagte Franziska, solche Frauen gebe es.

«Vermutlich liegt es am Sakko», meinte Hecker, er hatte es erst vor kurzem gekauft und war stolz auf diese Erwerbung. Die Frau habe einfach das Jackett genauer inspizieren wollen.

«Bestimmt», sagte Franziska, die Inspektionsrechte für den darin steckenden Mann habe allerdings sie. «Monopol», sagte sie.

Hecker ging die Überraschung in der Bar nicht aus dem Kopf. Weil sie einen wunden Punkt getroffen hatte. Den Verlust eines Lebensgefühls. Diesen Verlust hatte er nicht erst vor kurzem erfahren, sondern er begleitete ihn schon seit etlichen Jahren. Er nannte ihn den Verlust des Begehrens. Denn dieses Begehren war doch immer die große Kraft seines Lebens gewesen, noch weit vor der Arbeit, der anderen Energiequelle. Nicht, dass dieser Kraft immer auch Taten gefolgt wären, jedenfalls nicht mehr, seitdem er Franziska kannte, die Zeiten waren vorbei, da er sich auf Abenteuer einließ. Dennoch war sein Begehren nicht ausgelöscht, und noch wichtiger als das eigene Begehren schien ihm das Begehrtwerden zu sein. Was sich in Kleinigkeiten zeigte, in Blicken, in Zuwendungen, vielleicht nur darin, dass er sich wahrgenommen fühlte. Das hatte sich in den vergangenen Jahren grundsätzlich verändert. Wenn ihn jüngere Leute zu einem Fest einluden, dann fühlte er sich oft wie ein Fremder. Als einer, den man eingeladen hatte, weil man ihn mochte und weil er interessante Geschichten zu erzählen hatte. Aber er spielte keine Rolle mehr zwischen den Jungen, den jungen Körpern zumal, ja, das war der richtige Ausdruck, dachte Hecker, es ging um Körper. Wahrscheinlich zuallererst. Er saß auf diesen Festen, unterhielt sich, manchmal wurde getanzt, und Hecker ließ sich hinreißen. Aber er war nicht mehr im Spiel, im Spiel des Begehrens. Er sah nur noch zu.

Zwanzig Millionen Rentner in Deutschland, dachte Hecker, und alle werden solche Erfahrungen gemacht haben, Frauen wie Männer, aber Frauen viel früher als Männer. «Frauen», schreibt die Literaturwissenschaftlerin Hannelore Schlaffer in einem Essay über das Al-

ter, «sind – auch wenn emanzipierte Frauen das abstrei-
ten – zuerst vom Körper her definiert, von Gesundheit,
Jugendlichkeit, Schönheit.» Mit dem Verblassen dieser
Attribute verblasst auch diese Definition der Frauen,
weshalb man es sich zur Regel gemacht hat, Frauen ab
einem gewissen Alter nicht mehr nach ihren Jahren zu
fragen. Es gilt als unfein, aber gleichzeitig zeigt diese
Konvention eine bemerkenswerte Missachtung von
Frauen, da sie offenbar durch den Zuwachs an Jahren
so weit entwertet werden, dass man darüber schamhaft
schweigen muss.

Wie unterschiedlich männliches und weibliches
Alter ist, zeigt sich an Äußerlichkeiten. Hannelore
Schlaffer beschreibt das genau: «Den Übergang ins
Alter macht bei Frauen ein Kleiderwechsel sichtbar.
Die männliche Garderobe hängt vom Stand ab, die
weibliche hingegen von der erotischen Attraktivität
und damit vom Alter. Ein siebzigjähriger Aufsichtsrat
trägt denselben Anzug, den er als Geschäftsführer von
vierzig trug, Frauen hingegen unterliegen, wenn sie älter werden, einer regelrechten Beschneidung; alles, was
reizvoll sein könnte, wird gekürzt: Die Haare werden
geschnitten, die Absätze erniedrigt, der Ausschnitt ver-
kleinert, die Beine bedeckt.» Und die Autorin schließt
ihren Essay mit dem kategorischen Satz: «Es gibt keine
alte Venus.»

Gerade deshalb ist das Alter von Frauen nur selten
Gegenstand von Beschreibungen oder literarischen

146

Darstellungen geworden. Außer als «alte Vettel» oder «komische Alte» existiert es in der öffentlichen Wahrnehmung kaum. Bei Männern ist das anders. Oft werden sie als Patriarchen dargestellt, als ehrbare Männer, deren weißes Haar, deren Falten und Gebrechlichkeit in keinem Widerspruch zu ihrer Anziehungskraft stehen. Sehr oft sind aber auch sie Zielscheibe des Spotts, geizige Greise, trottelige Besserwisser oder lüsterne Alte. Jenseits davon aber ist Sexualität im Alter kaum ein öffentliches Thema.

Nur im Film hat sich das verändert, sehr gründlich sogar. Im Kino hat Alterssexualität die Aura des Peinlichen und Heimlichen verloren. Später Sex ist geradezu ein Trend der Filmproduktionen der vergangenen Jahre geworden. Einen Vorläufer hatte es mit «Harold und Maud» schon 1971 gegeben. Aber das blieb eine Ausnahme, erst seit einigen Jahren geht es Schlag auf Schlag: «Wolke 9» von Andreas Dresen; «Was das Herz begehrt» mit dem 66-jährigen Jack Nicholson und der 58-jährigen Diane Keaton; «Pippa Lee» erzählt die Liebesgeschichte zwischen einem Achtzigjährigen und einer Fünfzigjährigen; Meryl Streep, die damals Sechzigjährige, ist in «Wenn Liebe so einfach wäre» hin- und hergerissen zwischen zwei älteren Herren, und Fanny Ardant in «Die glücklichen Tage» tut es ihr nach, kann sich kaum entscheiden zwischen ihrer jugendlichen Neueroberung und ihrem alt gewordenen Ehemann; Mario Adorf posiert über achtzigjährig am Strand und lässt sich mit seiner leicht bekleideten Ehefrau ablichten; Christiane Hörbiger, damals 67, war im Fernsehen in einer Sexszene zu sehen, der wenig an Deutlichkeit fehlte. Der Sender «arte» widmete dem Altensex vor einigen Jahren einen Themenabend.

Hecker gefiel diese neue Offenheit. Andererseits hatte er an einem Satz der Schriftstellerin Silvia Bovenschen besonderen Gefallen gefunden. In ihren Betrachtungen über das Älterwerden schreibt sie, sie sei sehr dafür, dass man den Alten und ganz Alten noch sexuelles Begehren und die Befriedigung ihrer Lust zugestehen müsse. Aber, schloss sie so dezidiert wie nachvollziehbar: «Ich möchte nur nicht dabei sein.» Eine launige Abwandlung des bekannten Woody-Allen-Zitats: «Ich habe nichts gegen den Tod, ich möchte nur nicht dabei sein.»

Hecker hatte Sorge, die Enttabuisierung der älteren Sexualität könne zu neuen Leistungsaufforderungen an seine Generation führen: Wie oft noch pro Woche/Monat/Jahr? Mit oder ohne Viagra? Schon in seinen Jugendzeiten hatte das, was man damals die sexuelle Revolution nannte, zu erheblichem sozialen Druck geführt, in den Betten, und zwar in möglichst vielen, allzeit zu Rekordleistungen fähig sein zu müssen. Jetzt, da diese Generation alt geworden war, schien sie von den Ausläufern dieser Revolution weiter bedrängt zu werden. Schon gab es Umfragen, in denen behauptet wurde, 60 Prozent der Paare zwischen 60 und 74 Jahren seien noch sexuell aktiv. Eine andere Studie wollte gar wissen, dass 94 Prozent der Männer und 63 Prozent der Frauen zwischen 65 und 74 intime Beziehungen hätten. Hecker glaubte kein Wort davon, natürlich schämten sich die Befragten und wagten es nicht, die Wahrheit über ihr überschaubares Sexualleben preiszugeben. Also gerieten die Alten in diesen Umfragen zu regelrechten Sex-Maniacs. Er selbst hingegen fühlte sich gut eingerichtet in dem Zustand, in dem es keine Notwendigkeiten, aber Möglichkeiten gab.

Über all das dachte Hecker nun oft nach, wenn er und Franziska in einer der sardischen Badebuchten mit dem türkisfarbenen Meer lagen. Er bevorzugte seit etlichen Jahren Strände, an denen es Liegen auszuleihen gab, die Rückenschmerzen, die ihn schon zwei Jahrzehnte plagten, wurden in letzter Zeit wieder schlimmer. Ein bloßes Badetuch auf dem Sand oder über den Klippen war ihm mittlerweile zu unbequem.

Von seiner Liege blickte Hecker auf den Strand, nicht nur zu seiner ins Unendliche schwimmenden Frau, sondern auch auf die jungen Frauen, die rechts und links ebenfalls auf gut gepolsterten Liegen lagen oder am Meeresrand spazieren gingen. Er sah ihnen zu, sein Blick war nicht wunschlos dabei.

Erstaunt sah er immer wieder junge und sehr junge Frauen, die offenbar mit alten und sehr alten Männern liiert waren. Natürlich wusste er, dass es solche ungleichen Liebschaften zu allen Zeiten gegeben hatte. Pablo

Picasso heiratete im Alter von 80 Jahren die 46 Jahre jüngere Jacqueline Roque, der Cellist Pablo Casals mit mehr als 80 Jahren die zwanzigjährige Marita Montanez, Simone Rethel begleitete den 46 Jahre älteren Johannes Heesters bis zu seinem Tod, mit 29 Jahren heiratete Michelle Müntefering den 69-jährigen Franz. Und Johann Wolfgang von Goethe stellte 72-jährig Ulrike von Levetzow nach. Sie war 17.

Solche Verbindungen schienen Hecker seltene Ausnahmen zu sein. Doch hier am Strand begegnete er diesen Ausnahmen erstaunlich oft. Die Männer konnte er noch einigermaßen verstehen. Die Eroberungen täuschten sie wahrscheinlich über ihre Alterswirklichkeit hinweg, verschafften ihnen ungeahnte Kicks, werteten sie in ihren Kreisen als Trophäensammler auf, die Stehhilfen Viagra und andere einschlägige Präparate taten wohl das ihre.

Aber weshalb ließen sich die Frauen darauf ein? Wünsche nach einer Vaterfigur? Geld? Hecker konnte es schwer verstehen. Zumal er die Objekte der angeblichen Begierde ja hier in Badehosen vor sich sah. War den jungen Frauen bewusst, dass sie mit künftigen Pflegefällen badeten? Hecker fand das sehr rätselhaft.

Na ja, dachte er, so rätselhaft wie die Sexualität eben zu allen Zeiten ist. Wie sie einen überfällt und bezwingt und oktroyiert, wie sie einen bindet und trennt. Jedenfalls war dieses Strandgeschehen der augenfällige Beweis dafür, dass der Satz nicht stimmt, dass das Alter die Befreiung von Begierden und Begehren bedeute. Und dass der griechische Dramatiker Sophokles unrecht hatte, als er über seine Libido im Alter sagte: «Ich bin glücklich, dem rasenden, trotzigen Tyrannen entronnen zu sein.»

Hecker freilich, in seinem Zwischenreich vergangener Notwendigkeiten und gegenwärtiger Möglichkeiten, fand, dass dieser Urlaub einer der schönsten war, die er je erlebt hatte. Selbst in der letzten Oktoberwoche fiel noch kein Regentropfen, und so, wie das Wetter über vier Wochen hielt, so hielt auch das Versprechen, das Hecker Franziska gegeben hatte. Vom Alter war nicht die Rede und auch nicht von den Zeiten, die kommen sollten.

Natürlich waren in Heckers Kopf diese Zeiten meist präsent, lebhaft sogar. Wenn Hecker am Strand lag oder über die Berge wanderte, geriet er oft genug ins Grübeln darüber, wie sein Leben nun weitergehen sollte, Mann ohne Arbeit und ohne Plan. Aber seltsamerweise ließen sich diese Gespenster meist mühelos verscheuchen. Was allerdings nie dauerhaft gelang, sie kehrten alsbald wieder, offenbar hatten sie sich nur zurückgezogen, um im nächsten Moment ihren Angriff neu zu starten. Aber Hecker war damit zufrieden, der Feind ließ sich vertreiben, auch wenn er wiederkehrte, so schwer würde er also nicht zu besiegen sein.

Auch Franziska verlor in diesen vier Wochen kein Wort über den Ruhestand. Da sie nichts sagte, konnte

Hecker nicht ahnen, ob etwa auch sie gelegentlich Besuch von den Gespenstern bekam.

Es blieb ein Schweigethema zwischen ihnen, selbst als sie im Flugzeug saßen.

DIE VERSCHWENDETE ZEIT

Hecker erlebt seinen ersten wirklichen Rententag
und wundert sich, dass er so viele Stunden hat

Es galt, ein zweites Versprechen einzulösen. Die Kartons und der Müllsack standen noch so im Arbeitszimmer, wie Hecker sie vor dem Urlaub zurückgelassen hatte. Hier war Ordnung zu schaffen, und er dachte, gleichzeitig könne er auch die Koffer auspacken und ein paar Trommeln Wäsche waschen, während der Ferien hatte sich einiges angesammelt. In drei, vier Stunden müsste das alles zu erledigen sein.

Drei, vier Stunden? Hecker hielt inne. Warum rechnete er nach Stunden? Warum nicht nach Tagen, Wochen, Monaten? Die Zeit war in seinem ganzen Leben stets ein kostbares Gut gewesen, immer lief sie ihm davon, immer rannte er ihr hinterher, für ihn hätten die Tage gut und gerne dreißig Stunden haben dürfen. Selbst dann hätten sie ihm nicht gereicht, für die Arbeit nicht und fürs private Leben auch nicht. Aber jetzt hatte er davon so viel wie nie, Zeit im Übermaß, auf einmal, von gestern auf heute.

Ich muss, dachte er, meinen Begriff von Zeit umstellen, meinen Umgang mit ihr. Geschwindigkeit war jetzt kein Gebot mehr, von wegen drei, vier Stunden. Auch hier, überlegte er, ist ein Prinzip aus den Angeln gehoben worden. Schnelligkeit war immer eine Tugend gewesen, Zeichen von Wachheit, Geistesgegenwart und Fitness, ein schneller Arbeiter war ein guter Arbeiter. Plötzlich galt das nicht mehr. Zeit war jetzt nicht mehr etwas, was man sparen sollte, sondern sie war im Gegenteil dazu da, verschwendet zu werden. Weil die Zeit sonst zur Ewigkeit wird.

Es war ein ungewohntes Gefühl gewesen, heute Morgen, als Franziskas Wecker geläutet und Hecker überlegt hatte, ob er nicht noch ein wenig im Bett bleiben solle, eine Stunde oder vielleicht mehr, eigentlich war es egal. Dann stand er doch auf; denn das war einer seiner wenigen Vorsätze gewesen: sich nicht gehen lassen, Ruhestand braucht Disziplin. Das hatte er in einem der Ratgeberbücher gelesen. Es war einer der wenigen Sätze darin, die ihm nützlich vorkamen.

Trotzdem fand er den Gedanken beim Aufwachen schockierend: dass es völlig egal war, wann er aufstand. Die vergangenen 60 Jahre über war das nie egal gewesen.

Dann saßen Hecker und Franziska am Küchentisch, tranken Tee, blätterten in den Zeitungen, sprachen wenig, am Morgen gehörten sie beide nicht zu den Redseligen. Zunächst schien sich dieser Morgen nicht zu unterscheiden von all den anderen Morgen in den vergangenen Jahren. Bis Franziska sagte: «Ich geh dann mal», die Tür ins Schloss fiel und Hecker allein am Küchentisch saß und dieser Morgen plötzlich ein ganz anderer Morgen geworden war. Es war kurz vor neun.

Hecker stellte die Teetassen in die Spülmaschine, ging ins Schlafzimmer, schüttelte die Betten auf, ging ins Wohnzimmer, räumte da und dort etwas beiseite, weil auch das zu seinen Vorsätzen gehörte: sich wenigstens in der Wohnung nützlich machen, wenn er es anderswo schon nicht konnte.

Dann stand er im Arbeitszimmer bei den Kartons, holte die Bücher heraus, nahm jedes einzeln in die Hand, prüfte es auf zukünftige Brauchbarkeit, wog ab, langsam, sagte er sich, langsam, langsam, du musst gegen die Zeit arbeiten, du hast zu viel davon. Dann bildete er zwei Bücherstapel, einen fürs Antiquariat, einen mit jenen, die er behalten wollte. Manchmal war er unschlüssig, nahm einen Band vom Antiquariatsstapel, legte ihn auf den anderen, tat ihn wieder zurück und noch einmal zurück. Als er auf die Uhr schaute, war es gerade zehn vorbei.

Um diese Zeit hatte er in der Redaktion schon die zweite Tasse Kaffee getrunken. Er hatte seine Rituale gehabt. Nach dem Tee beim Frühstück zu Hause einen Cappuccino gleich nach der Ankunft im Büro. Dabei hatte er die Tageszeitungen durchgesehen, sich ein paar Notizen gemacht; dann war er in den zweiten Stock gegangen, wo sein Lieblingskollege sein Büro hatte, mehr als ein Kollege, eigentlich ein Freund, dachte Hecker. Mit ihm hatte er den zweiten Cappuccino des Tages getrunken, ein wenig über den Lauf der Welt und deren Merkwürdigkeiten sowie über neue Kochrezepte gesprochen, sie teilten dieselbe Leidenschaft. Dann war Hecker wieder in sein eigenes Büro zurückgekehrt. Bald würde er zur täglichen Besprechung in den Konferenzraum gehen. Alltagsroutine wie in jedem anderen Beruf auch. Menschen brauchen so etwas, dachte Hecker, etwas, woran man sich festhalten kann, kleine Sicherheiten, Wiederholungen des Immergleichen, das Leben ansonsten war überraschend genug.

Hecker, nun weit entfernt von Alltagsroutine, beschloss, dass sich manche Traditionen auch zu Hause fortführen ließen, ging in die Küche zur Kaffeemaschine, machte sich einen Cappuccino und blätterte wieder in den Zeitungen. Wie ich es immer gemacht habe, dachte er. Aber er ertappte sich dabei, dass er die meisten Artikel nur flüchtig las, meist brach er schon nach wenigen Absätzen ab, blätterte weiter, begann von neuem und brachte es wieder nicht fertig, bis zum Ende dabeizubleiben. Dabei war er immer ein sorgfältiger Zeitungsleser gewesen, durchforstete die Blätter und das Weltgeschehen mit Akribie. Aber heute wollte ihm das nicht gelingen, nicht einmal die neuerliche italienische Regierungskrise erweckte sein Interesse, nichts Besonderes, dachte er, ist in Italien doch an der

Tagesordnung, alle paar Monate eine neue Regierung – irgendwie kam ihm der Satz bekannt vor, wer hatte ihn kürzlich bloß gesagt? –, auch die Besprechung der jüngsten Premiere am Deutschen Theater fand seine Aufmerksamkeit kaum.

Er kam ins Grübeln. War seine ausufernde Zeitungslektüre früher etwa gar nicht einem Bedürfnis nach Information geschuldet gewesen, sondern diente ihm nur als Rüstzeug für seinen Arbeitsalltag? Hatte er sich also auch hier der Arbeit untergeordnet, hatte die Arbeit ihm Bedürfnisse diktiert, die er ohne Arbeit gar nicht hatte? Ich bin ihr hörig gewesen, dachte Hecker, ohne sie bin ich nichts. Er fand den Gedanken erschreckend. Zudem hatte er mit zwei Stunden Lesezeit täglich gerechnet, diese zwei Stunden am Tag, immerhin, würden ihm Vergnügen bereiten. Sie waren in seiner Vorstellung selbstverständliche Fixpunkte seines künftigen Tagesablaufs gewesen. Musste er sie jetzt streichen? Und wodurch ersetzen?

Um seine dunklen Gedanken zu besänftigen, erinnerte sich Hecker seines Vorsatzes, für Franziska jeden Abend ein Essen auf dem Tisch stehen zu haben. Er machte sich auf den Weg zum Supermarkt, keine zehn Minuten zu Fuß. Es war gerade elf Uhr vorbei, und er fragte sich, ob er jemals an einem Werktag um diese Uhrzeit beim Einkaufen gewesen war. Wahrscheinlich nicht, dachte er, denn was er nun sah, war eine Welt, die ihm bisher verborgen gewesen war. Der Supermarkt war zu seiner Verblüffung äußerst gut besucht. Ehe sich Hecker fragen konnte, wer denn am Vormittag Zeit für Einkäufe hat, sah er es schon: seinesgleichen.

Der Supermarkt war offenbar ein Rentnerparadies. Viele, die ihre Einkaufswagen durch die Regalschluchten schoben, schienen sich zu kennen, standen in Gruppen zusammen und plauderten. In einem Café, das dem Supermarkt angeschlossen war, fand Hecker jeden Tisch besetzt. Frauen in den Sechzigern, Siebzigern, aber auch auffallend viele Männer. Diese Männer schienen hier eine besondere Rolle zu spielen. Vor dem Fischstand hörte Hecker zwei ältere, ja hochbetagte Herren einen Streit austragen.

«Moment mal!», rief der eine.

Sofort nahm der andere eine kämpferische Pose ein. «Was heißt ‹Moment mal›? Ich kaufe hier ein!»

«Ich auch. Und zwar vor Ihnen.»

«Das glauben aber nur Sie!»

«Wie bitte? Ich bin dran. Zwei Rotbarschfilets.» Die Lautstärke nahm zu.

«500 Gramm Matjes», hielt der andere dagegen.

Die Meinungsverschiedenheit hielt eine ganze Weile an, denn Hecker, der sich mit Grausen abgewandt hatte, hörte die beiden noch lange krakeelen. Worum, fragte er sich, wird hier gestritten? Keiner der beiden schien in Eile zu sein. Dennoch zankten sie genau um das, was sie im Überfluss hatten, um Zeit. Das war absurd, weshalb Hecker dachte, vielleicht tun sie das einfach, um etwas zu tun zu haben, um das selten gewordene Gefühl von Lebendigkeit zu erfahren, oder gar, um sich einer Wichtigkeit zu vergewissern, die sie einmal besessen haben mochten. Möglicherweise war es aber auch nur die alte Gewohnheit, miteinander zu konkurrieren. Männer hatten ja frühzeitig gelernt, dass sie andere Männer aus dem Feld zu schlagen hatten.

An der Wursttheke beobachtete Hecker ein älteres Ehepaar. Der Mann hatte einen Zettel in der Hand, von dem er ablas und dann der Frau diktierte, was er gelesen hatte. 150 Gramm Schinkenlyoner, 100 Gramm feine Leberwurst geräuchert, zwei Scheiben Kochschinken, ein Paar Wiener Würstchen. Die Frau gab der Verkäuferin weiter, was ihr Mann vorgesagt hatte. Hecker betrachtete das Schauspiel voller Interesse. Warum, überlegte er, nimmt nicht die Frau den Zettel und sagt der Verkäuferin ihre Wünsche direkt? Warum wurde dieser Mann dazwischengeschaltet? Aber Hecker verstand bald: Der Mann musste eine Funktion bekommen. Musste in dem Glauben gelassen werden, er habe hier etwas zu tun. Wahrscheinlich saß er seit langem miesepetrig zu Hause, wusste nichts mit sich und seiner Frau anzufangen. Also brachte sie ihn einmal am Tag an die frische Luft und gab ihm eine Aufgabe. Wer weiß, vielleicht war er früher Abteilungsleiter mit 20, 30 Angestellten unter sich gewesen. Jetzt hatte er nichts mehr zu sagen – außer den Wurstgewichten auf dem Zettel.

Hecker fand das traurig, musste trotzdem lachen, weil ihm der Loriot-Film «Pappa ante portas» in den Sinn kam, in dem es genau um dieses Thema geht. Der Einkaufsdirektor Heinrich Lohse wird in den vorzeitigen Ruhestand versetzt und versucht, die plötzliche Leere dadurch zu überwinden, dass er sich in den Haushalt einmischt und seiner Ehefrau zeigt, was sie bisher angeblich alles falsch gemacht hat. Hecker hatte den Film mehrmals gesehen und sehr gelacht. Aber heute, da er den Film in der Wirklichkeit gesehen hatte, hier im Supermarkt, war ihm das Lachen vergangen.

Hecker hatte nicht damit gerechnet, dass ein banaler Besuch im Supermarkt zur vormittäglichen Stunde zu einem Lehrstück über die Wirklichkeit seiner Altersgenossen geraten könnte. Er sah alte Männer, ihrer Aufgaben und Stellung ledig, ohne Funktion, gewöhnt ans Kommandieren und Verordnen, die einen Rest an Bedeutung in ihr neues Leben hinüberzuretten suchten. Und damit natürlich kläglich scheiterten. Er schauderte ein wenig, freute sich dann aber, in der Gemüseabteilung späte Pfifferlinge zu entdecken, kaufte Petersilie dazu, Schalotten, Sahne und breite Nudeln, Franziska würde sich auch freuen.

Dann stand Hecker an der Kasse. Ein Kunde glaubte, einen Fehler auf dem Bon entdeckt zu haben, schurigelte die Kassiererin grob, scherte sich den Teufel darum, dass er die Wartenden an der Kasse aufhielt, wurde immer heftiger, von den Rentnern könne man

es sich ja holen. Bis die Frau an der Kasse mit Engels-
geduld die einzelnen Posten des Bons mit ihm durch-
ging, keinen Fehler entdecken und nachweisen konnte,
dass er selbst etwas verwechselt hatte.

Zu Hause machte sich Hecker wieder am Bücherstap-
pel zu schaffen, sortierte hin und her, noch einmal und
noch einmal und noch einmal, ließ sich Zeit, so gut er
konnte, packte dann einen Karton ins Auto, brachte ihn
zum Antiquar, der den Inhalt entgegennahm, allerdings
keinen Cent dafür bezahlen wollte. Altes Zeug, sagte
er, interessiert sich kein Mensch mehr dafür, alles von
gestern, die Bücher seien ja bald so alt wie er. Hecker
bewunderte die Feinsinnigkeit des Berliner Humors
und wandte ein, dass man hier ja in einem Antiquariat
sei, da stecke doch das Wort «antik» drin, und das sei
nun mal etwas von gestern. Aber sein Einwand verfing
nicht, er könne froh sein, wenn er die ollen Kamellen
nicht wieder mit nach Hause nehmen müsse.

Hecker fügte sich, sortierte daheim die verbliebenen
Bücher in den Schrank und wurde sich schnell darüber
klar, dass er hier demnächst gründlicher ranzugehen
hatte. Die Regale quollen über, auf manchen Brettern
standen die Bücher in Doppelreihen. Er musste dringend ausmisten. Nun gut, er hatte jetzt Zeit dafür.

Den Müllsack mit den Schreibtischhinterlassen-
schaften rührte er vorsichtshalber nicht an, er fürchtete
seine Sentimentalität und schob ihn in eine Ecke. Er
würde sich morgen damit beschäftigen.

Nebenbei hatte er drei Trommeln Wäsche gewaschen und zum Trocknen aufgehängt. Er war zufrieden mit seinen hauswirtschaftlichen Tätigkeiten und sah auf die Uhr. Es war gerade drei Uhr am Nachmittag.

Wie füllt man die Leere?

Oft hatte Hecker darüber nachgedacht, ob jetzt alles anders wäre, wenn er Enkelkinder hätte. Es gab alte Paare, immer wieder hatte er das beobachtet, die zu ganz neuem Leben aufblühten, wenn sie Großeltern wurden. Weil es da einen neuen Sinn und Verantwortung zu übernehmen gab. Etwas Junges in das alte Leben trat. Und weil die Zukunft, die dem Alter so sehr fehlt, plötzlich eine Gestalt und einen Namen hatte. Hecker erinnerte sich an einen Kollegen, der vor vielen Jahren gesagt hatte: «Hecker, da kommt noch was im Alter. Sie werden überrascht sein.»

Außerdem hatte er gelesen, dass Kindheit und Alter besonders gut zueinander passten. Wahrscheinlich, dachte Hecker, weil wir Alte mit der Zeit kindisch werden. Ob das tatsächlich so war? Er wollte es nicht glauben. Und er war sich nicht sicher, ob er sich wirklich Enkel wünschte. In den letzten Jahren hatte er festgestellt, dass ihn Kindergeschrei immer mehr störte. Aber weiß Gott, wenn nun doch welche da wären? Immerhin würden sie sein Leben verändern, und nichts hätte er im Moment besser brauchen können als irgendeine Art von Veränderung. Zugleich wusste er, dass das müßige Gedanken waren. Weder Sohn Max noch Tochter Paula schienen im Moment die geringsten Absichten zu haben, aus Thomas Hecker Opa Hecker zu machen.

Seltsamerweise hatte sich bisher keiner von seinen Freunden und Bekannten gemeldet, kein Anruf, keine Mail, keine SMS. Eigentlich habe ich doch allen gesagt, dass ich Ende Oktober aus dem Urlaub zurück bin, dachte Hecker, aber gut, wer will am ersten Tag schon stören. Es konnte ja niemand so genau wissen, dass der heutige Tag so ein besonderer Tag war. Thomas, allein zu Haus.

Er versuchte es dann bei dem Freund und Kollegen aus dem zweiten Stock, aber der meldete sich am Telefon nicht. Vielleicht Dienstreise, vermutete Hecker, vielleicht wichtige Konferenz.

Gegen vier Uhr fand Hecker, dass es so nicht weitergehen könne. Er würde jetzt einen Plan machen, genau aufschreiben, was am nächsten Tag zu geschehen habe. Und am nächsten Tag wieder und am übernächsten auch. Damit er nicht so sinnlos herumlungern würde wie heute. Damit daraus nach und nach eine Gewohnheit entstünde. Sich die Struktur seines neuen Lebens daraus ergab. Und ihm damit jene Gewissheit zurückgäbe, auf die er sich im Beruf immer hatte verlassen können. Dies tun, jenes tun, Pause machen, jenes tun, dieses tun, nächste Pause machen. Manche mochten das Mühle nennen, für Hecker war es die Melodie seines Lebens, Grundierung des Alltags, auf das Gleiche folgt das Gleiche, damit das Ungleiche überhaupt erst wahrgenommen wird. Was für eine Zumutung, dachte Hecker, dass wir gerade im Alter gezwungen sind, aus diesem Trott, den wir uns wohlweislich geschaffen haben, herauszutreten und das Leben neu zu erfinden. In Rente, fand Hecker, und er hielt das für eine nüchterne Betrachtung, sollte man eigentlich mit zwanzig gehen, dann hätte man Kraft für diesen Lebensumschwung. Aber ihn mit seinen 65 Jahren damit zu belästigen – «nein danke», rief er laut, und er fand sich wunderlich, weil er allein in der Küche stand, Pilze putzte und nirgendwo ein Zuhörer war. «Nein danke», rief er noch einmal in die leere Küche und dachte fast gerührt an den Aufkleber, den er vor Jahrzehnten auf seinem Auto umhergefahren hatte: «Atomkraft, nein danke».

«Kinder brauchen Grenzen» lautete seit geraumer Zeit ein pädagogischer Slogan, mit dem antiautoritäre Exzesse früherer Erziehungsmethoden korrigiert werden sollten. Hecker hatte, weil ihn das Thema interessierte, ab und zu darüber geschrieben, ja, ja, gewiss, aber wir Alten brauchen sie noch viel mehr. Plötzlich haben wir diese Grenzen verloren, alles ist neu, nichts erprobt, was wäre es für eine Hilfe, wenn es die Geländer der Gewohnheit gäbe. Er wunderte sich nun nicht mehr darüber, warum alte Menschen sich so zäh an feste Tagesabläufe klammerten, so beharrlich über die Ordnung ihrer Tage wachten. Hecker erinnerte sich gut daran, wie er seinen Vater verachtet hatte, weil der hartnäckig und pedantisch auf seinen Gewohnheiten bestanden hatte, aufstehen stets zur selben Minute, Mittagessen um Punkt zwölf, Abendessen um fünf vor sieben, wehe, die Mutter brachte die Schüsseln nicht zur rechten Zeit auf den Tisch. Hecker hatte das immer kleinkrämerisch gefunden, engstirnig, aber jetzt leistete er Abbitte, er verstand, warum das so gewesen war. Es war seine Form der Grenzziehung gewesen.

Ein Bekannter fiel ihm ein, seit Jahren schon in Rente, der es sich zur Gewohnheit gemacht hatte, jeden Morgen beim Frühstück das Radio- und Fernsehprogramm des Tages zu studieren, mit Rotstift die Sendungen anzustreichen, die ihn interessieren könnten. Daraus, so erzählte er Hecker, habe sich eine neue Struktur seiner Tage ergeben. Mittagsmagazin, Auslandsreportagen, Kochtipps, Sportübertragungen Musiksendungen – die allzu viele freie Zeit habe auf diese Weise nach und nach eine feste, geregelte Form bekommen. «Früher», sagte er, «war diese Form ganz von alleine da, durch die Arbeit. Jetzt musst du sie selbst erfinden.» Er könne ihm nur raten, es ihm gleichzutun.

Hecker hatte die Idee schauerlich gefunden, sich von den Medien die Tage diktieren zu lassen, mittlerweile aber kam sie ihm gar nicht mehr so absurd vor. Neue Gewohnheiten schaffen – das schien ihm ein dringendes Gebot des Ruhestands zu sein. Auch in jenem Buch von Simone de Beauvoir über das Alter hatte

Hecker dieses Problem treffend beschrieben gefunden: «Paradox ist, dass die Gewohnheit denen, die nichts tun, noch unentbehrlicher ist als denen, die aktiv sind: Wenn sie nicht ganz in der trägen Stagnation der Tage versinken wollen, müssen sie ihr einen starren, genau festgelegten Zeitplan entgegenstellen. Damit gewinnt ihr Leben den Charakter einer Quasinotwendigkeit. Der Greis entrinnt dem Überdruss eines Zuviels an freier Zeit, indem er sie mit Aufgaben und Anforderungen ausfüllt, die für ihn zu Pflichten werden; auf diese Weise vermeidet er es, sich die beunruhigende Frage zu stellen: Was tun? Er hat jeden Augenblick etwas zu tun. Ich weiß noch, wie mein Großvater seinen Tageslauf geregelt hatte: Zeitung lesen, Inspektion seiner Rosen, Mahlzeit, Siesta, Spaziergang – das alles vollzog sich in unveränderlicher Reihenfolge.»

Hecker wusste, dass ihm so etwas nie gelingen würde. Rosen hatte er nicht zur Verfügung, der Balkon der Wohnung bekam zu wenig Sonne, als dass ans Rosenzüchten zu denken war, und mit dem Zeitungslesen musste er abwarten, ob der heutige Widerwille nur eine momentane oder eine dauerhafte Abneigung war. Es schien ihm im Augenblick noch allzu wenig in Sicht, was wirkliche Gewohnheiten begründen konnte oder zumindest einen geregelten Alltag.

Ein Anfang wäre jedenfalls gemacht, dachte Hecker, wenn er aufschriebe, was am nächsten Tag zu erledigen sei. Wie beim Stundenplan in der Schule. Erst muss man jeden Moment darauf sehen, und nach zwei, drei Wochen hat man ihn auswendig gelernt und wusste zu jeder Stunde, was zu geschehen hatte.

So sollte es sein, nahm er sich vor. Und wollte bald das Aufgabenprogramm für den nächsten Tag aufschreiben. «Pflichtenheft» nannten sie so etwas in der Schweiz. Hecker gefiel der Ausdruck gut. Er würde morgen gleich in einem Schreibwarengeschäft ein Schulheft kaufen. Darauf würde er mit Druckbuchstaben PFLICHTENHEFT schreiben.

Darin würde dann stehen: Aufstehen, acht Uhr! Zeitung lesen! Müllsack mit den Schreibtischsachen! Dann die Sache mit den Fotos. Auf dem Computer und auf seinem Handy hatten sich im Lauf der Jahre hunderte angesammelt. Hecker wollte in einen Laden gehen und Papierabzüge davon machen, in Drogeriemärkten gab es solche Fotodrucker. Danach wollte er Alben kaufen und alles säuberlich einkleben. Denn auch hier war er von der altmodischen Sorte, hatte es lieber, wenn es die Bilder nicht nur elektronisch gab, sondern schön auf weißen Seiten geordnet, zum Blättern. Dafür würde er gewiss Tage brauchen. Im Keller lagerten außerdem noch ein paar Kartons mit Papierbildern aus vordigitalen Zeiten. Daran wollte er sich jetzt machen. Überhaupt, der Keller. Hier musste dringend entrümpelt werden. Hecker war nie dazu gekommen, Ordnung zu schaffen, es stapelte sich Kram aus grauen Vorzeiten, Dinge, die kein Mensch mehr brauchte und die schon lange darauf warteten, zum Müll gebracht zu werden. Das würde er jetzt anpacken.

Es war jetzt kurz vor fünf, die Pilze waren gesäubert, nicht mit Wasser, wie es viele taten, sondern nur mit der Bürste, damit sie sich nicht vollsogen und schwammig wurden. Hecker schnitt Petersilie und Schalotten klein, stellte alles beiseite, wenn sich der Schlüssel in der Tür drehte und Franziska kam, wollte er es schnell in der Pfanne dünsten, in einer Viertelstunde würde das Essen fertig sein. Aber so weit war es noch nicht.

Hecker setzte sich aufs Sofa, nahm ein Buch zur Hand, Martin Walsers «Das dreizehnte Kapitel», es lag schon ein Jahr auf dem Nachttisch, aber er hatte immer einen Grund gefunden, die Lektüre hinauszuschieben. Jetzt hatte er endlich Zeit. Er schaltete das Licht im Wohnzimmer ein, es wurde früh dunkel inzwischen. Aber beim Lesen erging es ihm wie zuvor mit den Zeitungen, er hatte keine Ausdauer, fühlte sich schnell gelangweilt, offenbar war heute nicht sein Lesetag. Er streckte sich auf dem Sofa aus. Es dauerte nicht lange, bis er einschlief.

Er wachte auf, als sich die Wohnungstür öffnete. Franziska. Es tue ihr leid, dass sie ihn geweckt habe, sagte sie. Um Himmels willen, antwortete Hecker, er schlafe gar nicht wirklich, sei nur kurz eingenickt, versehentlich. Sie möge bloß nicht glauben, dass er zu den Rentnern gehöre, die dem lieben Gott die Zeit stehlen und sie einfach verschlafen. Das Abendessen, er werde sich gleich dranmachen, sei in null Komma nichts bereit.

«Und, wie war's?», fragte Franziska. «An deinem ersten Rententag.»

«Ganz gut», sagte Hecker, «viel zu tun.»

Er erzählte ihr, was er im Supermarkt erlebt hatte und im Antiquariat und wie er die Bücher sortiert hatte, hierhin und dorthin und wieder hierhin.

«Interessant», sagte Franziska. Es sei ja schön, dass er seinen ersten Tag so gut überstanden, nicht griesgrämig zu Hause herumgesessen und sich gelangweilt habe.

«Keine Sekunde», sagte Hecker.

AUSSER DIENST

*Hecker versucht, sich einen neuen Alltag
zu schaffen, und scheitert. Dafür macht er eine
interessante Bekanntschaft*

Sie hat mir kein Wort geglaubt, dachte Hecker. Und sie weiß, dass ich das weiß. Aber keiner sagt etwas. Wir schleichen um ein Problem herum und tun so, als wäre es nicht da. Im Grunde war es im Urlaub schon so. Wir wollten uns die schönen Tage nicht zerstören. Aber jetzt? Es gab nichts mehr zu verdrängen, wegzuschieben, zu beschönigen. Das Problem war da.

Wir reden nicht darüber, glaubte Hecker, weil das Reden nichts nützt. Weil nicht wegzudiskutieren war, dass da ein älterer Herr in seiner Wohnung an der Spree saß und nichts mit sich anzufangen wusste.

Trotzdem stand Hecker am nächsten Tag, dem zweiten Tag des Renten-Ernstfalls, um acht Uhr auf, so, wie er das mit sich vereinbart hatte. Er las in den Zeitungen, zwar nicht mit der Lust und dem Elan von früher und auch nur eine halbe Stunde diesmal, aber immerhin. Dann griff er zum Telefon und kündigte zwei von seinen drei Tageszeitungen. Hecker war über diese Kündigungen nicht glücklich, aber so hatte es sein Sparprogramm vorgesehen. Viel unglücklicher machte ihn noch, dass die Kündigungen auch eine Einsicht in seine neue Lebenswirklichkeit waren: Er war nicht mehr im Dienst, Thomas Hecker, Redakteur a. D.

Nun erinnerte er sich seiner Vorsätze, ging ins Arbeitszimmer, nahm den Müllsack zur Hand und kramte in den Überbleibseln seines Berufslebens. Blieb wieder an Kalendereinträgen hängen, las sich in verblichenen Manuskripten fest, fand auch die Liste der «verbotenen Wörter» wieder und packte, einer plötzlichen Eingebung folgend, den Sack, lief die Treppe ins Erdgeschoss hinunter und warf ihn in den Müllcontainer.

Wieder etwas weg, dachte er und fühlte fast etwas wie Triumph. Sich trennen kann auch neue Kraft geben. Sich bekräftigen, kam es Hecker in den Sinn, schönes Wort.

Um sich weiter zu bekräftigen, verfolgte er nun auch den Plan, aus digitalen Fotos papierene zu machen, ging in einen Laden, in dem man solche Ausdrucke herstellen konnte, war dann in einem Schreibwarengeschäft und erstand zwei dicke Fotoalben, ein rotes und ein schwarzes. Er wusste, dass sie nicht reichen würden für die Bilderfülle. Aber ein Anfang war gemacht.

Anfänge machen, das war es, was er jetzt brauchte.

Um sich der Erfüllung seines Plansolls zu nähern, besuchte er wieder den Supermarkt, sah seine Erfahrungen des Vortags bestätigt, kaufte Schabefleisch,

wie Rindertartar in Berlin heißt, um es am Abend zu-
zubereiten. Als er am gegenüberliegenden Imbissstand,
wo sich mehrere Männer in seinem Alter aufhielten,
manchmal Bierflaschen in der Hand hielten und sehr
legere Kleidung trugen, eine Currywurst bestellte, erfuhr er, dass es heute im Supermarkt zu Handgreiflich-
keiten gekommen war. Man wisse nichts Genaues, zwei
ältere Herren hätten sich wohl in die Haare gekriegt,
Sturköpfe, man kenne die Alten ja.

«So wie wir», sagte Hecker, «im Alter werden wir
uns alle ähnlicher.»

«Biste neu hier?», fragte einer, der sich zu ihm an
den Stehtisch gesellte und ebenfalls eine Currywurst
aß. «Hab dich noch gar nicht gesehen.»

«Ja», sagte Hecker, «Rentner, seit zwei Tagen.»

«Ach du Scheiße», sagte der andere, «die ersten
Tage sind schlimm. Bei mir sind es schon fünf Jahre.
Aber glaub mir, das gibt sich.»

«Glaub ich nicht. Ich glaube, es wird immer schlimmer.»

«Nee, nee, das gibt sich.»

Hecker widersprach erneut. Er sei für ein Leben
ohne Arbeit einfach nicht gemacht. Schon die ersten
beiden Tage hätten ihm das gezeigt. Er habe sich nicht
vorstellen können, dass das so schnell gehe.

«Was haste denn gemacht?»

«Journalist», antwortete Hecker und setzte etwas
unwillig hinzu: gewesen.

«Ah, ein feiner Herr. Wie viel kriegste denn Rente?»

«1180», sagte Hecker, «aber brutto, da geht auch noch die Krankenkasse ab, ganz schön wenig.»

Der andere schaute ihn entgeistert an. «1180 Euro», rief er drei Männern zu, die nebenan an einem der Stehtische standen, «Renten-Krösus.» Und alle lachten.

Wie hoch denn seine Rente sei, fragte Hecker.

«Nichts mit Rente, Grundsicherung. Kennste wahrscheinlich gar nicht, das Wort. Es ist nicht viel zusammengekommen bei mir fürs Alter.»

Er erzählte, dass er eine Kfz-Lehre gemacht habe in jungen Jahren. Aber im dritten Lehrjahr habe er alles hingeworfen. «Flausen im Kopf damals», sagte er, er habe die Welt sehen wollen, reisen, Gelegenheitsjobs, wieder reisen. «Da war nichts mit Rentenkasse.» Lange sei das so gegangen, jahrzehntelang. Eine feste Anstellung habe er eigentlich erst mit Ende vierzig bekommen. «Da drüben bei der Tankstelle, Aral, du kennst sie, hast ja bestimmt ein Auto.»

«Ja, ja», sagte Hecker, «noch.»

«Und eine Frau bestimmt auch. Und eine schöne Wohnung.»

«Mhm», machte Hecker.

Die Zeit bei der Tankstelle, sagte der andere, sei jedenfalls nicht schlecht gewesen, Dienst an der Kasse und was sonst noch so anfiel. Aber immer Kontakt mit Menschen, das habe ihm gefallen. «Miese Bezahlung, aber immerhin. Hat mir gefehlt, als ich dann in Rente musste.»

«Aber wie machst du das?», fragte Hecker und entschied sich jetzt seinerseits auch für das Du. «Wie kannst du leben von deinem Geld?»

«Leben ist das falsche Wort. Ich wurstle mich halt so durch.» Manchmal helfe er bei einer Autowerkstätte in der Nähe aus, kleine Schraubarbeiten, schwarz natürlich, ein paar Euro, nicht der Rede wert. Aber er wolle nicht klagen, den meisten hier gehe es ähnlich. Er deutete auf die Stehtische. Der da drüben, 68 Jahre jetzt, sei Friseur gewesen, gegenüber im Salon Cindy. Und der andere Buchhalter in einer kleinen Firma. «Was denkste, was die an Rente kriegen?» Hecker ahnte es. Knapp über der Grundsicherung wahrscheinlich.

Berlin, sagte der andere, sei ein guter Ort für Rentner. Wo man auch hinkomme, Imbissbuden, Supermärkte, Spreeufer, immer treffe man Gleichgesinnte. Er solle nur öfter mal hierherkommen, er sei eigentlich jeden Mittag da, gute Stimmung hier, aufgeschlossene Menschen, er sagte «uffjeschlossen».

Hecker versicherte, er werde bald wiederkommen, trat den Rückweg in seine Wohnung an und dachte, dass Berlin in seiner Situation wirklich der ideale Ort war. Nirgendwo anders wird einem der Kopf so zuverlässig und erbarmungslos zurechtgerückt wie hier. Er betrachtete die Leute mit Sympathie, ein paar Rentner, ein paar Säufer, einer, der die Obdachlosenzeitung verkaufte, und fühlte sich zugleich unendlich fern. Widersprüche halten jung, dachte Hecker, jedenfalls solange man sie aushält. Und für Widersprüche war Berlin immer gut.

Eine Zeitlang hatte Franziska mit dem Gedanken gespielt, im Alter in den deutschen Südwesten zu ziehen, ins Markgräflerland. Franziska stammte aus Freiburg und hatte ihm die Gegend oft gezeigt. Eine Landschaft zum Ausruhen, Hügelwellen zwischen Rheintal und Schwarzwald, Weinberge, Kneipen, in denen das Viertel Wein noch für 2,80 Euro zu haben war, und gleich daneben Spitzenrestaurants. Die sonnigste Gegend Deutschlands obendrein. Trotzdem hatte Hecker immer nein gesagt zu solchen Altersplänen. Was er da solle? Garten umgraben? Tomaten anbauen? Rosen züchten? Franziska hatte einen Umzug noch immer nicht ganz ausgeschlossen.

Hecker fühlte sich beschämt, als er zu Hause war und aus den hohen Fenstern des Altbaus auf die Spree sah. «Renten-Krösus» hatte der Mann von der Currywurst-Bude gesagt, und irgendwie hatte er recht. Ein Auto, eine schöne Wohnung und 1180 Euro Rente. Dabei hatte er wohlweislich verschwiegen, dass er von der Journalistenkasse noch ein bisschen was daraufbekam. Was für Privilegien! Und trotzdem seine immerwährenden Klagen. Gut, dachte er, Privilegien sind eine relative Sache.

Missmut packte ihn, und als er, wie geplant, mit dem

Sortieren und Einkleben der Fotos in die Alben beginnen wollte, verschob er sein Vorhaben erst einmal, weil er plötzlich fand, das sei eigentlich nichts anderes als ein sinnloser Zeitvertreib, wie er ihn immer verachtet hatte. Nein, widersprach er sich, vielleicht könnte man doch einen gewissen Sinn darin finden, man hätte dann wenigstens etwas fürs Alter.

Fürs Alter? Hecker lachte kurz auf, es war kein schönes Lachen. Wann begann das Alter? Es hatte gestern begonnen.

Hecker jedenfalls beschloss, die Sache mit den Fotoalben zu verschieben, morgen ist auch noch ein Tag, ach was, morgen ist auch noch ein Jahr, und er fasste den weiteren Beschluss, sich etwas zu gönnen. Er ging zum Kühlschrank, holte eine Flasche Wein heraus, Weißburgunder vom Kaiserstuhl – Franziska hatte dort Verwandte –, goss sich ein Glas ein und fand seine Lage nun wirklich privilegiert. Immer hatte er es sich in seinen Berufszeiten verboten, tagsüber etwas zu trinken, asozial hätte er das gefunden, außerdem schwer mit der Arbeit zu vereinbaren. Aber jetzt, fand er, konnte das ausnahmsweise mal sein, im Urlaub hatte er sich mittags ja auch hie und da ein Glas genehmigt. Und jetzt war doch so etwas wie Urlaub. Dauerurlaub. Die Befreiung von der Arbeit musste ja auch Vorteile haben. Wenigstens einen.

Hecker trank, und als das Glas leer war, füllte er es wieder. Beschwingt durch die ungewohnte Wirkung des Alkohols am helllichten Tag, rief er erneut den Freund aus dem zweiten Stock in der Redaktion an, ihm war jetzt nach Reden zumute, er fühlte eine Art Geschwätzigkeit in sich. Diesmal wurde sein Anruf angenommen.

«Thomas Hecker, außer Dienst», meldete er sich.

«Aha, der Herr Rentner!» Wie es denn gehe. Wie sich die Freiheit anfühle. Wie der Urlaub gewesen sei. Und ehe Hecker zu Berichten aus seinem Leben ansetzen konnte, sagte der andere schon, der Anruf komme im Moment etwas ungelegen, er habe gerade keine Zeit, leider, nicht die geringste. Er müsse noch zwei Texte bearbeiten, schwierige Materie, und morgen fahre er seinerseits in Urlaub, zwei Wochen Umbrien, er wisse ja, dieses Haus von Freunden, in dem er schon mehrmals gewesen sei, mitten in den Bergen, völlige Einsamkeit, das könne er jetzt wahrlich gebrauchen, Mordsstress die letzte Zeit. Außerdem gebe es da auch im November manchmal noch warme Tage. Aber wenn er zurück sei, solle es sofort ein Wiedersehen geben, nicht wahr, er werde etwas Schönes kochen.

«Klar», sagte Hecker, «ich bringe eine Vorspeise mit.»

Er schenkte jetzt ein drittes Glas ein und wusste, dass das zu viel war. Es war erst kurz nach drei, er legte sich aufs Sofa wie gestern, nahm das Buch von Martin Walser zur Hand und schlief umgehend ein.

Gegen fünf Uhr wachte er auf und hatte einen

schlechten Geschmack im Mund. Schüttelte sich kurz und stellte fest, dass dieser schlechte Geschmack seinen ganzen Körper ergriffen hatte, eine Unglücksaura war um ihn, der Duft schlechter Laune. Hecker ging unter die Dusche, Franziska, sie würde wahrscheinlich bald heimkommen, sollte ihn nicht so sehen.

Dann schnitt er die Schalotten, die Cornichons, mischte sie unter das Fleisch, gab ein Eigelb dazu, Pfeffer und Salz, einen Spritzer Tabasco und stellte die Schüssel in den Kühlschrank.

Franziska ließ ungewohnt lange auf sich warten. Es war schon fast neun Uhr, als sie nach Hause kam.

«Wie war's?», fragte sie.

«Na ja», sagte Hecker.

«Jetzt sag schon.»

«Gibt eigentlich nichts zu erzählen. Und bei dir?»

«Mordsstress», sagte sie, das Wort, dachte Hecker, ist offenbar weit verbreitet. Andere Menschen hatten andauernd Mordsstress. Nur er nicht.

«Mordsstress», wiederholte Franziska, sie habe heute drei Aufträge auf einmal reingekriegt. Und alle wollten die Übersetzung übermorgen haben, spätestens in drei Tagen. «Schaffe ich nicht, schaffe ich nie.» Und dann sei auch noch die Kollegin krank geworden, der sie manchmal Aufträge übergab, wenn ihr alles zu viel wurde.

Franziska aß trotzdem mit Appetit. Und Hecker erzählte ihr, dass er einen neuen Bekannten habe. Seinen

Namen kenne er nicht, aber der esse täglich um eins eine Currywurst gegenüber vom Supermarkt. Man könne sich sehr gut mit ihm unterhalten. «Halt so Rentnerthemen», sagte Hecker.

Irgendwie, sagte Franziska, rieche es in der Wohnung schlecht. Ob er den Müll nicht runtergebracht habe? Hecker verneinte, er werde es morgen früh tun.

Und die Bügelwäsche?, fragte Franziska, der Berg war bedrohlich hoch.

«Auch morgen», sagte Hecker, er sei nicht dazu gekommen.

«Die Spülmaschine ist übrigens auch nicht ausgeräumt.»

«Oje», sagte Hecker.

«Was tust du eigentlich den ganzen Tag?», wollte Franziska wissen. Aber es schien Hecker, dass sie das im Augenblick nicht wirklich interessierte, dass sie den Kopf voll hatte mit ihren eignen Sachen. Sie werde jetzt bald ins Bett gehen, sagte sie, «mir graut vor dem morgigen Tag».

«Das ist eben der Unterschied zwischen dir und mir», sagte Hecker. «Ich habe morgen frei. Und davor graut es ja keinem normalen Menschen.»

FRANZISKAS ENTSCHEIDUNG

*Tage und Wochen vergehen, aber für Hecker
bleibt die Zeit stehen. Er verzweifelt an sich selbst,
und seine Frau zieht Konsequenzen*

Ob das sein Ernst sei, fragte Franziska. Hecker tat
so, als wüsste er nicht, was sie meinte. «Das mit dem
Bart, du hast dich seit mindestens fünf Tagen nicht
mehr rasiert.» Das stehe ihm doch gut, sagte Hecker,
es mache ihn interessant. Früher sei er oft so herum-
gelaufen, und die jungen Leute täten das heute doch
auch. Franziska sah ihn entgeistert an, «die jungen
Leute!», ob er wisse, was er da rede. Ein löchriger, grau
gesprenkelter Bart, er sehe aus wie dieser Politiker, der
neulich zurückgetreten sei, sie komme gerade nicht auf
den Namen.

«Platzeck», sagte Hecker.

«Genau. Verwahrlost siehst du aus.»

Das sei seine Sache, knurrte Hecker. Ältere Männer
sehe man doch immer häufiger mit Bärten, die Bekannten vom Supermarkt übrigens auch, er habe das
Rasieren am Morgen seit jeher gehasst. Endlich könne
er sich so geben, wie er wolle, «adrett bin ich jahrelang

gewesen, jahrzehntelang». Und er bestehe darauf, dass das seine Sache sei.

«Ist es nicht», sagte Franziska, «ich muss dich schließlich anschauen.»

Hecker wusste natürlich, dass Franziska recht hatte. Sein Bart hatte ja nichts mit irgendeinem modischen Einfall zu tun, sondern erstens mit Faulheit und zweitens mit der neuen Lebenslage. Es schaut mich ja eh niemand an, es interessiert sich sowieso niemand für mich, hatte er gedacht, es ist egal, wie ich aussehe; er bekam mehr und mehr das Gefühl, als würde er jeden Tag ein bisschen unsichtbarer zu werden.

Das Rentnerleben war inzwischen in die dritte Woche gegangen, und Heckers Tage begannen sich zu verändern. Er stand nicht mehr mit Franziska auf, um gemeinsam mit ihr beim Frühstück zu sitzen. Er hatte das Gefühl, dass ihr das nicht unrecht war, und schlief bis neun Uhr, bis zehn.

Dann bemerkte er die Stille. Seit Tagen hatte kaum je das Telefon geläutet, nur Paula, die Tochter, meldete sich immer wieder. Keine Mails, keine SMS. Noch vor kurzem hatte er sich über die lärmende Welt beklagt, über das Klingeln des Telefons, über das Piepsen des Handys, über die andauernde Unruhe, jeder zog und zerrte an ihm, so kam es ihm immer vor. Und jetzt auf einmal diese Stille. Aber sie schien ihm jetzt mehr als bloße Stille zu sein, sie kam ihm vor wie ein Urteil, das über ihn gesprochen wurde: Niemand will etwas von dir, niemand braucht dich. Also bist du nichts wert.

Das Leben in dieser Stille schien ihm unwirklich zu sein, als würde es sich in einer Zone dichten Nebels abspielen. Das hing auch mit dem Alkohol zusammen. Der Weißwein am Nachmittag war inzwischen zur Gewohnheit geworden, abends kam das eine oder andere Glas Rotwein hinzu. Und mittags war er tatsächlich einige Male am Imbissstand vor dem Supermarkt gewesen. Da hatte es dann zur Currywurst schon mal ein Bier gegeben, manchmal auch zwei. Hecker wusste, dass er damit dringend aufhören musste. Tu ich ja auch, dachte er, ist ja nur für den Moment, für den Übergang, bis ich mich daran gewöhnt habe.

Woran gewöhnt? Daran, dass die Tage vergingen? Ich bin ein Tagevernichter, dachte er. Das Wort «vernichten» hatte er schon immer besonders interessant gefunden, ver-nichten, etwas ins Nichts befördern.

Franziska hatte seine alkoholischen Abenteuer natürlich längst mitbekommen. Wenn sie nach der Arbeit nach Hause kam, fand sie einen Ehemann vor, der entweder schlief oder angetrunken war. Was auch zur Folge hatte, dass Hecker sein Versprechen, jeden Abend ein Essen auf den Tisch zu stellen, kaum mehr einlöste.

«Thomas, tu mir den Gefallen ...»

Hecker unterbrach sie. Ja, er werde das mit dem Essenkochen ...

Franziska unterbrach ihn. «Es geht mir nicht ums Essen.»

«Um was denn dann?»

«Thomas, es geht mir um dich», sagte Franziska.

«Ja», sagte Hecker,

«Es geht mir auch um mich.»

Hecker sagte nichts, weil er nicht mehr zu sagen hatte. Der Nebel hatte sich nicht gelichtet. Er wusste ja Bescheid, sah, dass er seit Wochen in einem Loch steckte, aber er fand nicht heraus aus der Gefangenschaft, in die er geraten war.

Das mit der Einsamkeit hatte Hecker unterschätzt. Er würde sich jeden Tag mit jemandem treffen, hatte er zuvor gedacht, vielleicht in einem Café, vielleicht zu einem Spaziergang. Das hätte er besonders reizvoll gefunden: unbekannte Orte in Berlin entdecken. Obwohl er nun schon viele Jahre hier lebte, gab es noch immer Stadtviertel, in die es ihn nie verschlagen hatte. Sich tagsüber mit Bekannten treffen, abends etwas mit Franziska unternehmen. So hatte er sich das vorgestellt. Er hatte sich doppelt geirrt.

Zunächst wurde ihm klar, dass er die falschen Bekannten hatte. Denn die hatten zu tun, sie waren bei der Arbeit. Langsam wurde es Hecker zur Gewissheit, dass seine Tage nun einsame Tage sein würden.

Der Nebel von Heckers Tagen ließ sich auf den Abenden nieder. Was ihm Franziska auch vorschlug – Kino, Theater, Freunde treffen, Freunde einladen –,

Hecker antwortete mit Lustlosigkeit, es war, als drückte ihn eine unsichtbare Kraft aufs Sofa nieder. Franziska war verstimmt, dann werde sie eben allein losziehen, sagte sie, und manchmal wurde sie ärgerlich. «Ich erkenne dich nicht wieder», sagte sie.

So kam es, dass Franziska die Abende jetzt oft außer Haus verbrachte, mit Freunden und Freundinnen etwas unternahm. Und wenn sie schon einmal daheim blieb, dann beschäftigte sie sich meist mit ihren spanischen Filmen und Zeitschriften. Auch sie war stiller geworden.

«Ist es wirklich wahr, dass du mittags zu dieser Bude gehst?», fragte Franziska eines Tages unvermittelt.

«Nur manchmal», sagte Hecker.

«Du hast sie nicht mehr alle», sagte Franziska.

«Wahrscheinlich», sagte Hecker, «aber das ist die einzige Stunde am Tag, in der ich was zu lachen habe.»

Seine häuslichen Tätigkeiten hatte Hecker aufs Allernotwendigste eingeschränkt. Dabei hätte es jede Menge zu tun gegeben. Die Putzhilfe kam ja nun nicht mehr, und Hecker hatte immer wieder versichert, er werde die anfallenden Arbeiten fortan erledigen. Das Versprechen hielt er nicht, auch wenn er seine guten Vorsätze jeden Tag erneuerte, und wenn er an den Wochenenden Franziska mit Putzlappen oder am Bügelbrett sah, war sie ihm ein lebender Vorwurf.

Auch mit den Fotoalben war er nicht weit gekommen, immer wieder machte er sich daran, aber meist ließ er die Arbeit nach wenigen Minuten wieder sein. Von der Unordnung des Bücherregals ganz zu schweigen. Von der Kellerentrümpelung erst recht. Ein paar Mal war er im Fitness-Studio gewesen, aber es war nicht der Effekt eingetreten, den Hecker bei sportlichen Betätigungen immer am meisten geschätzt hatte: dass sich hinterher Glücksgefühle einstellten, auch ein bisschen Stolz auf sich selbst. Jetzt war das nicht so, was vielleicht auch daran lag, dass Hecker das Studio für seine Rentnerverhältnisse viel zu teuer fand, 79 Euro im Monat waren mehr, als er sich jetzt leisten konnte. Es musste in Berlin billigere geben, vielleicht war irgendwo sogar eine Ermäßigung auf seinen Rentnerausweis zu bekommen.

Heckers Tage wollten nicht vergehen, und endlich gestand er sich dieses Wort zu, das ihm sein Leben lang ein Fremdwort gewesen war: Langeweile. Ich langweile mich, sagte er zu sich, Thomas Hecker langweilt sich entsetzlich, ausgerechnet er. Konnte es etwas Unbegreiflicheres geben? Es kostete ihn Mühe, sich das einzugestehen. Es schien ihm ein Wort zu sein, das man nicht sagen durfte, ein Wort, das ein Makel war. Langeweile war aus der Öffentlichkeit verbannt. Es gab keine öffentlichen Geständnisse: Ich langweile mich. Wahrscheinlich deshalb, weil das Bekenntnis zu der Vermutung führen konnte, der Bekenner sei selbst langweilig. Vielleicht auch deshalb, weil einer, der das zugab, in den Verdacht geriet, ein Tagedieb zu sein.

Manchmal schaffte er es dann doch, aus dem Haus zu gehen, die Stufen zum Spreeufer hinunter, zum Weg, auf dem er mit Franziska in bewegteren Zeiten so oft gelaufen war. Er spazierte den Spreeweg entlang, setzte sich, wenn die Novembersonne durch die Wolken kam, auf eine der Bänke, die vor den gemauerten Uferböschungen mit ihren wilden Graffiti standen, und schaute aufs Wasser. Hecker beobachtete die Versammlung der Schwäne und wäre gern einer von ihnen gewesen. Wie sie sich hocherhobenen Hauptes und in weißer Pracht dem Nichtstun hingaben, nicht die geringste Anstrengung zeigten und stolz auf ihren Müßiggang schienen. Hecker beneidete sie um ihre Würde.

Genau, dachte er, ich beginne meine Würde zu verlieren, vielleicht habe ich sie schon verloren. Dabei war doch überall zu lesen, welche Würde das Alter verleiht. Gerade die antiken Schriftsteller hatten Hymnen auf das Alter geschrieben, diesen großen Prozess der Reife und der Läuterung. So konstatierte Seneca, das Alter sei «reich an Annehmlichkeiten», es sei geradezu «eine erlesene Zeit des Lebens». Denn nun löse sich die Seele aus der Gefangenschaft des Körpers und bleibe ewig jugendlich. Auch Cicero galt die Schwächung des Körpers wenig, jedenfalls im Vergleich zur wunderbaren geistigen Reifung. «Der alte Mann», schrieb er, «ist gleichsam von Natur aus Philosoph.»

Entweder, dachte Hecker, bin ich doch nicht so alt,

wogegen allerdings sein Rentnerausweis sprach, oder das mit der Natur ist bei mir anders. Von geistiger Reifung jedenfalls konnte er bei sich wenig feststellen. Und bei den wenigen Altersgenossen, die er kannte, schien ihm das nicht grundsätzlich anders zu sein.

Das Alter und das Alter, dachte er nun ganz unphilosophisch, sind offenbar ziemlich verschiedene Dinge. Die Autoren, die einst diese senioralen Lobpreisungen geschrieben hatten, Cicero und Seneca bei den Römern, Plato und Solon bei den Griechen, waren allesamt Privilegierte gewesen mit Haus- und Grundbesitz – Seneca war einer der reichsten Männer seiner Zeit. Unter solchen Umständen konnte einem das Alter durchaus wie ein Geschenk vorkommen. Die Menschen, die ihnen das Essen servierten oder ihre Villen putzten, werden es etwas anders empfunden haben.

Hecker fragte sich, welche Gewinne es für ihn gab in diesem Reifungsprozess, in dieser Läuterung des Alters. Eigentlich fand er sich völlig ungeläutert, das Alter schien ihm vielmehr – jedenfalls bisher – eine einzige Kette von Verlusten. Der Verlust der Arbeit an der ersten Stelle und an der zweiten der Verlust seines Einkommens. Der Verlust seines Lebensstandards. Vorbei auch die Kontakte des Alltags, die Gespräche mit den Kollegen, die sich wie selbstverständlich ergeben hatten. Vorbei der vertraute Fluss der Informationen. Das Netz der Nachrichten, in das er eingebunden gewesen war, existierte nicht mehr. Schon wenige Tage nach seinem Ausscheiden hatte der Verlag die E-Mail-Adresse gelöscht, unter der er registriert war und über die Nachrichtendienste, Einladungen, Mitteilungen aller Art liefen. Nun erreichten sie ihn nicht mehr. Das Leben ist da, wo ich nicht bin, dachte Hecker, seine Welt war ein Dorf geworden, Spreeufer, Supermarkt, Imbissbude, Wohnzimmersofa, war's das schon? Das war's.

Gab es wirklich nichts, was er eingetauscht hatte gegen all die Verluste? Einen Gewinn des Alters? Er fand nichts. Nicht einmal Altersweisheit. Natürlich hatten ihm die fortschreitenden Jahre manche Fähigkeit geschenkt, die ihm früher gefehlt hatte: einen Zuwachs an Menschenkenntnis, einen Zuwachs an Friedfertigkeit, die Kunst, Wichtiges von Unwichtigem zu scheiden, vielleicht sogar das Vermögen zu größerer Gelassenheit. Gerade daran aber zweifelte er oft. Ist das, was als Gelassenheit der Alten gerühmt wird, womöglich nichts anderes als das Ergebnis von Langsamkeit, Erschöpfung, nachlassendem Engagement, vielleicht sogar von mangelndem intellektuellem Appetit? Nein, die Weisheit des Alters war noch nicht bei ihm angekommen. Denn die allergrößte Altersweisheit wäre ja gewesen, wenn er seine Lage hätte annehmen können, klaglos akzeptieren, dass das Leben nun anders war, dass der Lauf der Zeit zu einem ersten Ende gekommen war.

Hecker hörte die Argumente: Freu dich, dass du an einem Ziel angekommen bist, dass das ewige Laufen im Hamsterrad vorüber ist. Aber er konnte diese Sicht nicht teilen. Er wäre so gern im Hamsterrad geblieben.

«Ich kann es nicht mehr hören», sagte Franziska eines Abends, «dieses dauernde Lamento, dieses Schimpfen, dieses Selbstmitleid. Ich halte das nicht mehr aus.»

«Ich auch nicht», sagte Hecker.

«Dann hör auf damit. Tu endlich was, tu was, in Gottes Namen!» Franziska wurde laut, was ihr selten passierte. «Du bist nicht der erste Rentner auf der weiten Welt. Geh ins Kino, kauf dir eine Opernkarte, ein Flugticket, fahr nach Paris übers Wochenende, nach Rom oder sonst wohin. Geh endlich raus, endlich! Und wenn du schon glaubst, am helllichten Tag Alkohol trinken zu müssen, dann geh wenigstens in eine Kneipe. Alles besser als Löcher in die Luft starren.» Im Übrigen möge er diesen blöden Bart abrasieren.

Hecker saß ihr gegenüber, schaute sie an und sagte nichts.

«Du kannst doch nicht alles wegschweigen!»

Hecker schwieg.

Am nächsten Tag setzte sich Hecker ins Auto, draußen pfiff ein eisiger Novemberwind, kein Fahrradwetter, und fuhr in die Redaktion.

Schon am Eingangstor des Verlagshauses traf er auf den ersten Bekannten. Das sei aber nett, dass er vorbeischaue. Wie es ihm gehe in der neuen Freiheit? Sehr interessant übrigens, diese Veränderung, er deutete auf Heckers bärtiges Gesicht.

«Die neue Freiheit», sagte Hecker. Er wolle zur Auslandsredaktion, zu den alten Freunden. Er sei eigens jetzt zur Mittagszeit gekommen, da würde er am wenigsten stören. «Oh», sagte der Kollege, Hecker möge sich beeilen, für 15 Uhr sei eine Betriebsversammlung angesetzt, Informationen über die neuen Wirtschaftsdaten, die Situation werde immer schlechter. Hecker beeilte sich.

Man begrüßte ihn überschwänglich, brachte Kaffee, bestaunte den Bartwuchs, wusste den neuesten Klatsch. Zu dumm nur, dass er ausgerechnet heute komme, zur Betriebsversammlung, und zuvor sei noch eine Menge zu tun, er möge doch das nächste Mal vorher anrufen, damit man sich Zeit nehmen könne, wirklich schade, aber er kenne den Betrieb ja.

«Natürlich», sagte Hecker, «ich bin gerade in der Gegend gewesen.» Da habe er einen kurzen Abstecher gewagt. Ob denn die neue Kollegin da sei, Laura, wenn er sich recht erinnere. Nein, die habe heute einen freien Tag, wurde ihm bedeutet, aber morgen sei sie wieder an ihrem Schreibtisch. Sehr gut, sagte Hecker, mit der habe er nämlich etwas zu besprechen. Etwas Fachliches.

Und er ging wieder zurück durchs Verlagsgebäude, ging vorbei an der Tür seines ehemaligen Büros. Sie war geschlossen, und er wagte nicht anzuklopfen, um zu sehen, wie es sich verändert hatte und wer jetzt darin saß.

Ich hätte es wissen müssen, dachte Hecker, es ist eine alte Rentner-Weisheit: Geh nicht zurück an deinen alten Arbeitsplatz. Er ist nicht mehr dein Platz. Du gehörst da nicht hin.

Zu Hause war er niedergeschlagener als je zuvor. Er hatte getan, was sich Franziska so dringend wünschte, «geh endlich raus, endlich!», und es war der Gang in eine Demütigung gewesen. Aber was hatte er erwartet? Dass sie ihm um den Hals fielen und sagten, Mensch Hecker, du kommst zur rechten Zeit? Wir sind gerade in höchster Personalnot, setz dich hin, hier ist ein Schreibtisch, hier ist ein Computer. Mach dich an die Arbeit, hilf uns aus der Patsche. Natürlich hatte er das nicht erwartet. Nur geträumt davon.

Als Franziska nach Hause kam, sprach Hecker nicht. Aber auch sie machte keine Anstalten, sich mit ihm zu unterhalten. Sie habe zu tun, sagte sie nur, hatte ein dickes Manuskript mitgebracht und setzte sich damit ins Arbeitszimmer. Hecker schaltete den Fernseher an und sprang von Kanal zu Kanal. Ihm gefiel nicht, was er sah. Am Ende blieb er bei einem Fußballspiel hängen, das ihn nicht interessierte. Er sah es trotzdem an.

Ohnehin hatte das Fernsehen seit kurzem eine verblüffende Macht über ihn gewonnen. Früher wäre es ihm nie in den Sinn gekommen, den Apparat tagsüber einzuschalten, höchstens mal bei der einen oder anderen Sportübertragung. Jetzt aber saß er oft davor, manchmal schon am Vormittag, und wunderte sich, was es da zu sehen gab. Es traten Menschen auf, die ohne erkennbaren Anlass in Tränen ausbrachen, plötzlich anfingen, aus Leibeskräften zu schreien, die sich unversehens in die Arme fielen und küssten und sofort zum nächsten Geschrei ansetzten. Männer beschimpften andere Männer, Töchter schlugen ihre Mütter und umgekehrt. Es waren Krawallshows, in denen offenbar menschliche Dramen aufgeführt wurden. Auf anderen Kanälen wurden abstruse Gerichtsfälle verhandelt, Mord und Totschlag, Habgier und Eifersucht. Hecker staunte und sprang sofort zum nächsten Sender, von menschlichen Dramen hatte er genug. Eines davon saß gerade vor dem Fernseher.

Manchmal sah er Wettbewerbe, bei denen sehr dicke Männer Kraftübungen zeigten, meist waren es Finnen. Sie mussten mit beiden Händen zentnerschwere Koffer aus Beton um die Wette schleppen. Hecker schaltete weiter.

Länger verweilte er vor einem Sportkanal, auf dem rund um die Uhr Billard gespielt wurde, jedenfalls kam es Hecker so vor. Nach und nach entdeckte er den Reiz dieses Spiels, bewunderte die Virtuosität der Stöße, manchmal saß er stundenlang davor und aß dazu Popcorn, das er aus dem Supermarkt mitgebracht hatte. Es schmeckte so, wie er sein Leben fand: fade.

Am nächsten Tag läutete das Telefon. Paula, seine Tochter. Sie hatten – wie gewohnt – alle paar Tage miteinander gesprochen. Aber Hecker hatte ihr nie die Wahrheit über seinen Zustand gesagt, es wäre ihm peinlich gewesen. Nun aber hatte Paula ein Anliegen. Franziska habe sie gestern angerufen und ihr alles erzählt. Wie unausstehlich er geworden sei, wie übellaunig, wie hilflos. Ob sie etwas tun könne, fragte Paula. Ob er ihr sein Herz ausschütten wolle. Ob sie vorbeikommen solle. Am nächsten Wochenende habe sie Zeit, man könne dann ausführlich über alles reden.

Das sei nicht nötig, sagte Hecker. Franziska übertreibe, gewiss, ihm falle der Übergang schwer, er könne es nicht leugnen, schwerer als gedacht, aber keine Sorge, nur eine kleine Krise, ein paar Tage zur Neuorientierung brauche er eben.

«Ein paar Tage? Papa, es ist gleich Dezember.»

«Dann eben ein paar Wochen. Gebt mir doch Zeit!»

«Aber siehst du nicht, was mit Franziska passiert?»

Und die Tochter erklärte ihm, dass Franziska in höchster Not angerufen habe. Weil sie sich nicht mehr zu helfen wisse. Weil aus ihrem Mann ein Unbekannter geworden sei. Franziska habe geweint am Telefon. «Wenn das nicht aufhört», habe sie gesagt, «muss ich da raus. Es macht mich kaputt.» Vielleicht könne sie fürs Erste bei einer Freundin wohnen.

Paula erzählte, wie sie ihrerseits Franziska ins Gewissen geredet habe. Sie könne ihren Mann doch nicht in der schwersten Krise seines Lebens alleinlassen. Jetzt müssten sie zusammenhalten. Aber Franziska habe sehr verzagt geklungen, habe den Eindruck gemacht, als habe sie nicht mehr viel Kraft. Auf jeden Fall, «du musst endlich was tun, endlich!», sagte Paula.

«Ihr steckt doch alle unter einer Decke. Lasst mich in Frieden!»

Hecker beendete das Gespräch.

«Tu etwas, endlich!», knurrte er. Als hätte er das nicht schon tausendmal zu sich selbst gesagt. Völlig erfolglos. Und diese Vergeblichkeit machte ihn erst recht wütend. Tu was, tu was!

Er sagte es sich jetzt zum 1001. Mal. Er wusste, dass es nur eine einzige Möglichkeit gab. Wenn es ihm schon nicht gelang, sich in diesem neuen Leben einzurichten, sich dieses neue Leben anzueignen, dann musste eben wieder ein Stück vom alten her. Er musste etwas tun, was mit seiner Arbeit zu tun hatte. Dass er ohne sie nicht sein konnte, hatten die vergangenen Wochen mehr als deutlich gezeigt.

Darum hatte Hecker gestern bei seinem Besuch in der Redaktion nach Laura gefragt. Heute, hatte es geheißen, werde sie da sein. Hecker zögerte, brauchte mehrere Anläufe, bis er so weit war, aber dann wählte er die Telefonnummer der Zeitschrift und ließ sich verbinden.

Laura zeigte sich erfreut, von ihm zu hören. Ob er sich gut eingelebt habe.

«Selbstverständlich», sagte Hecker, «ich plane gerade einen Urlaub auf den Kanaren, La Palma wahrscheinlich, in Berlin sind die Winter ja so grässlich lang. Da kann ich jetzt raus, wann immer ich will.»

«Du hast es gut», sagte Laura.

«Tja», sagte Hecker, «die Gnade der frühen Geburt.» Vor dem Urlaub aber würde er gerne noch mal in die Tasten greifen, journalistisch, meine er. Sie hätten ja an seinem Abschiedsabend darüber gesprochen. Er könne sich nun gut vorstellen, einen Artikel über die italienische Politik zu schreiben, über das Italien nach Berlusconi. Die Sache komme den Verlag nicht teuer zu stehen, ein Flug nach Rom, um mit ein paar Gewährsleuten zu sprechen, zwei, drei Übernachtungen, nicht mehr. Sie sei doch bestimmt interessiert.

«Natürlich», beeilte sich Laura zu versichern, sehr interessiert sogar. Aber es gebe ein Problem. Das Spezialgebiet Italien habe nun, da Hecker im Ruhestand sei, ein anderer Kollege übernommen, sie nannte den Namen eines Redakteurs, den Hecker nicht leiden mochte. Und der arbeite an genau diesem Thema zurzeit. Da könne sie nicht mehr umdisponieren, es tue ihr leid.

«Verstehe», sagte Hecker.

Nicht genug der schlechten Nachrichten, sagte Laura. Gestern sei ja Betriebsversammlung gewesen, und da sei an alle Kollegen die Weisung ergangen, von nun an möglichst keine auswärtigen Mitarbeiter mehr zu beschäftigen. Zu teure Honorare, die wirtschaftliche

Lage sei angespannt. «Spardiktate überall, du kennst das ja.»

Hecker versicherte ihr erneut sein Verständnis, bemühte sich, das Gespräch schnell zu beenden, bemühte sich, Fassung zu bewahren, und verlor sie augenblicks.

Er ging jetzt nicht zum Kühlschrank, sondern zur Truhe im Wohnzimmer. Darin bewahrte er die Flaschen auf, die er sonst nur öffnete, wenn Besuch zum Essen gekommen war. Ein Digestif zum Schluss, ein Grappa, ein Cognac. Hecker hatte sich nie an diesen Flaschen vergriffen, auch in den vergangenen Wochen nicht. Aber jetzt war es ihm egal, er nahm die Cognacflasche heraus und schenkte sich ein. Erst nur ein kleines Glas, dann immer größere.

Als Franziska nach Hause kam, saß er betrunken auf dem Sofa, das Gesicht in die Fäuste gestützt. Er war nicht eingeschlafen, weil es in ihm wütete, weil er zornig war und nicht einmal wusste, auf wen eigentlich. Auf den Verlag? Auf Laura? Auf sich selbst? Oder auf die ganze Welt?

«Was ist los?», fragte Franziska erschrocken und angewidert zugleich.

«Tu was, tu endlich was!», presste Hecker hervor. «Tu endlich was. Ihr könnt mich alle mal.»

Hecker hörte, wie Franziska das Bettzeug aus dem Schlafzimmer zur Couch ins Arbeitszimmer schleppte und sich dort einschloss.

«Ihr habt keine Ahnung», schrie Hecker jetzt so

laut, dass Franziska es hören musste, «ihr wisst doch gar nicht, wie es mir geht.» Dann schluchzte er und trank und schlief ein.

Als er am nächsten Tag gegen Mittag aufwachte, fand er sich nicht in seinem Bett, sondern immer noch auf dem Wohnzimmersofa. Er ging in die Küche und sah einen Zettel auf dem Tisch. Es stand nur ein einziger Satz darauf: «Bin von heute an bei Marita.»

Ein Todesfall

Hecker fährt zu einer Beerdigung, kommt ins Nachdenken und spürt auf einmal so etwas wie Dankbarkeit

So hatte sich Hecker die Hölle vorgestellt. Erst die Arbeit weg, dann die Frau. Er rasierte den Bart ab.

Dann verließ er die Wohnung, ging wieder die Treppenstufen zur Spree hinunter und setzte sich auf die Bank am Ufer. Er hatte Kopfschmerzen. Als er den Schwänen zusah, fiel ihm das mit der Würde wieder ein. Franziska ist weggegangen, weil man nicht bei einem sein kann, der seine Würde verloren hat. Seine schlechte Laune, seine Einsilbigkeit, seine Verunsicherung, seine Ratlosigkeit – all das hätte sie ertragen für eine gewisse Zeit, da war sich Hecker sicher. Sie hätte ihm geholfen und ihm die Zeit gegeben, sich in sein Rentnerleben hineinzufinden, sich darin neu zu erfinden. Aber er hatte gerade das verraten, was ihr wichtig war, unabdingbar. «Dem Schein-Rentner» hatte sie auf die Karte zu seinem ersten Tag im Ruhestand geschrieben. Weil er nicht so sein würde, wie es die Klischeebilder von Rentnern, die sich gehen ließen, waren. Franziska hatte immer viel von Formen gehalten. Nicht, dass sie ein förmlicher Mensch gewesen wäre, aber sie war davon überzeugt, dass manche Formen das Leben nicht nur leichter, sondern auch schöner machten. Ohne das Beharren auf Würde war Franziska nicht denkbar, auch sie beide als Paar waren es nicht.

Deshalb war Hecker jetzt voller Verständnis für Franziskas radikalen Schritt, er begehrte nicht dagegen auf, bezichtigte sie nicht des Verrats, sie habe ihn im Stich gelassen. Hecker war völlig vorwurfslos.

Er sah auf die Schwäne und beschloss, ihr einen Brief zu schreiben, schriftlich war er immer besser als mündlich gewesen; schließlich war das Schreiben sein Beruf.

In dem Brief würde er ihr alles erklären, den tiefen Fall in die Langeweile, die Einsamkeit, die Bedeutungslosigkeit, und er würde sie um Verzeihung bitten und versprechen, dass von nun an alles anders werde. Er wollte auch von der unsichtbaren Kraft schreiben, die ihn niedergedrückt und gegen die er sich nicht zu wehren vermocht hatte.

Er saß noch eine Weile auf der Bank, entwarf im Kopf schon die ersten Sätze des Briefs, feilte an Formulierungen, als ihm klarwurde, dass er diesen Brief nicht schreiben würde. Würde er ihn ehrlich schreiben können, dann wäre es ja nicht so weit gekommen. Er konnte nichts versprechen, versichern, verheißen. Und wenn er es täte – Franziska würde ihm nicht glauben. Je länger er darüber nachdachte, umso mehr verstand er, dass er im Augenblick nichts machen konnte.

Kein Brief also. Stattdessen wählte Hecker, immer noch auf der Bank am Flussufer, Franziskas Handynummer. Beide gaben sich Mühe, und so gelang ihnen ein Gespräch von äußerster Sachlichkeit. Wie lange sie denn im Exil bleiben wolle, fragte Hecker, und Franziska antwortete, dass sie das nicht wisse und dass er auf sich aufpassen solle. Nur einmal geriet die Unterredung in die Nähe eines Zusammenstoßes, als Hecker sagte, mit ihrem Auszug habe sie ihn massiv unter Druck gesetzt. Da wurde Franziskas Stimme dünn und spitz, der Auszug, sagte sie, habe nichts und gar nichts mit einer pädagogischen Maßnahme zu tun, er sei Notwehr gewesen. «Ich kann nicht mehr, Thomas.»

Ob er denn wieder anrufen dürfe, fragte Hecker.

«Ja», sagte sie, «aber nicht so bald.»

Dann sah er wieder den Schwänen zu, und heute war er neidisch auf sie wie nie.

Als es Nachmittag wurde, holte Hecker keine Flasche aus dem Kühlschrank und aus der Schnapstruhe schon gar nicht. Er empfand einen Widerwillen dagegen. Wahrscheinlich, weil noch Restalkohol in mir steckt, dachte er zuerst, aber als er weiter darüber nachdachte, kam ihm die Idee, es könne womöglich an der Abwesenheit von Franziska liegen. Es gibt ja niemanden mehr, dem ich demonstrieren kann, wie schlecht es mir geht, was für ein Opfer ich bin, dachte er nun. Niemanden, den ich anschreien kann: Hilf mir doch!

Abends saß er lange vor dem Fernseher, sah Sendungen an, die ihn langweilten, aber er wagte es nicht, ins Bett zu gehen. Er würde nicht schlafen können, er wusste es. Und er fragte sich, wie es Franziska ergehen mochte. Wahrscheinlich lag sie wach im Bett, hatte zuvor stundenlang mit ihrer Freundin geredet, überlegt, was nun geschehen könne, und bestimmt waren die beiden ebenso ratlos wie er.

Hecker hatte dann spätnachts doch ein paar Stunden geschlafen, fand den Morgen trostlos, widerstand der Versuchung, Franziska anzurufen, und mühte sich, guten Willen zu zeigen. Packte seine Sporttasche und machte sich auf den Weg zum Fitness-Studio. Fragte sich zugleich, wem er diesen guten Willen eigentlich zeigen wollte, nun, da Franziska nicht mehr in der Wohnung war. Du musst es dir selber zeigen, sagte er sich und fand den Gedanken ziemlich schlicht. Aber so ist das eben mit den Wahrheiten, dachte er.

Im Studio spulte er sein Programm herunter, 20 Minuten auf dem Laufband, Übungen an den Muskelmaschinen, Sit-ups auf der Gymnastikmatte, und als er wieder zu Hause war, kam er sich so vor, wie er sich schon vorher vorgekommen war, nutzlos, ratlos. Dann läutete das Telefon.

Ein Bekannter aus Münchner Jugendtagen, einer aus seiner alten Schulklasse, eine Stimme, die er lange nicht mehr gehört hatte. Ob Hecker es schon erfahren habe? Der Hans sei tot, vorletzte Nacht, irgendetwas mit dem Herzen, urplötzlich. Seine Frau habe ihn gerade angerufen, er habe mit den beiden über all die Jahre ja ein recht enges Verhältnis gehabt. «Ich dachte, ich muss es dir gleich erzählen», sagte der Bekannte, «ihr wart ja damals dicke Freunde.»

«Das gibt's nicht», sagte Hecker. Das konnte nicht sein. Es war nicht wahr. «Was ist denn passiert?»

«Ich weiß nichts Genaues», sagte die Stimme am Telefon, «einfach so, er hatte keine Krankheit, es gab keine Anzeichen.» Hans sei ins Bett gegangen und nicht wieder aufgewacht. Aus heiterem Himmel. Dabei sei es ihm doch so gut gegangen. Er habe noch viel vorgehabt. Gerade drei Monate sei er im Ruhestand gewesen.

«Wann ist die Beerdigung?»

«Übermorgen, elf Uhr.» Hecker versprach zu kommen, «selbstverständlich».

In der Schulzeit war Hans sein bester Freund gewesen, auch in den ersten Jahren an der Uni. Dann war Hecker aus München weggezogen, und die Treffen wurden seltener, bis sie schließlich fast ganz ausblieben, seit einigen Jahren hatten sie sich überhaupt nicht mehr gesehen. Aber jetzt waren Hecker der Freund und die alten Zeiten auf einmal ganz gegenwärtig, die Erinnerungen überfielen ihn, Bergtouren, die sie gemeinsam unternommen, Partys, die sie mit ihrer Münchner Clique gefeiert hatten, die ersten Mädchenbekanntschaften, alte Bilder tauchten auf, Hans auf der Abiturreise nach Rom, Hans im ersten gemeinsamen Germanistiksemester. Hecker war, als wäre diese Freundschaft nie zu Ende gegangen.

Gerade drei Monate im Ruhestand. Diese verfluchte Rente! Hecker hatte keinen Zweifel, dass es da einen Zusammenhang gab. Die Rente reißt einen aus dem Leben, dachte er, das erfahre ich gerade selbst. Sogleich schämte er sich dieses Gedankens. Er, der Jammermann, der meinte, das neue Leben nicht ertragen zu können – er war doch am Leben! Und Hans war tot. Hecker saß still auf seinem Wohnzimmersofa, aber nicht mehr starr wie zuvor, als er die Nachricht bekommen hatte. Jetzt fühlte er dieses Leben, seins, als Möglichkeit, nicht als Last. Auch wenn dieses Leben nun kleiner geworden war, beschränkter, bedeutungsloser, es war doch ein Leben. Und Hans war tot.

Ein seltsames Gefühl stieg in Hecker hoch. Er brauchte einige Zeit, um es zu begreifen. Es fühlte sich an wie Dankbarkeit. Dabei wusste er nicht, wem er danken sollte. Gott? Ein religiöser Mensch war Hecker nie gewesen. Dem Schicksal? Er wusste es nicht, er wusste nur, dass Leben in ihm war, auch jetzt, in dieser leeren Wohnung, in dieser Franziska-verlassenen Wohnung. Er konnte nicht sitzen bleiben auf dem Sofa, lief hin und her, lief aus dem Haus, hinunter zum Flussufer, wollte sich nicht auf die Bank setzen, ging den Spreeweg entlang, mit schnellen Schritten, rannte beinahe, bis zum Kanzleramt, durch den Tiergarten, atemlos am Ende, kam zurück in die Wohnung und klappte seinen Laptop auf, bahn.de. Dann druckte er das Ticket aus, Berlin–München und zurück.

Er widerstand erneut der Versuchung, Franziska anzurufen. Er hätte ihr gern erzählt, was geschehen war, aber sie hatte Hans ja nie kennengelernt, die Freundschaft mit ihm war vor ihrer Zeit gewesen, Hecker hatte ihr nur manchmal Fotos gezeigt. Wie sie in den Bergen waren, am Fuß einer Kletterwand, am Gipfelkreuz, Seil über der Schulter, bei einer Gletscherdurchquerung, Eispickel in der Hand. Hans war tot.

Nein, er würde Franziska nicht anrufen, sie auch nicht bitten, mit zur Beerdigung zu kommen, er wollte das mit sich allein ausmachen. Darum fragte er auch nicht bei Münchner Bekannten um eine Übernachtung an, er reservierte ein Zimmer in einer günstigen Pension gleich beim Bahnhof. Er wollte für sich bleiben, mit diesem kleinen Leben und dem großen Tod.

Hecker hatte viel Zeit, für sich zu bleiben, der Zug fuhr mehr als sechs Stunden. Er hatte das Walser-Buch mitgenommen, und diesmal konnte er länger dabeibleiben als bei seinen früheren Versuchen. Trotzdem gelang es ihm nicht, sich zu konzentrieren. Unentwegt gingen ihm Gedanken an Hans durch den Kopf. Warum bewegt mich das so sehr, ich habe ihn doch so lange nicht mehr gesehen? Aber er verstand sogleich, dass dieser Tod etwas mit ihm selbst zu tun hatte. Wenn einer stirbt, der dir nahe war, dann stirbt etwas von dir. Was er mit Hans erlebt hatte, war ein Teil von ihm. Jetzt war dieses Stück Leben ohne Zeugen. Es gibt keinen mehr, der es feiert, bestätigt, korrigiert. Und er fürchtete, dass ihm das in Zukunft noch oft geschehen würde. Er war in ein Lebensalter eingetreten, in dem es nicht mehr ungewöhnlich war, dass um ihn herum gestorben wurde, auch wenn die Menschen immer älter wurden. Jedes Mal, bei jedem Todesfall, wird die Wirklichkeit kleiner und das Erinnern größer. Bis man eines Tages fast nur noch aus Erinnerungen besteht.

Die Gedanken beunruhigten Hecker. Aber er fand noch einen beunruhigenderen. Der tote Hans war auch ein Verweis auf die eigene Sterblichkeit. Darauf, dass die Zeit, die ihm blieb, bedenklich geschrumpft war. Er konnte nicht an den Tod denken, ohne den eigenen zu meinen. Aber kann man das überhaupt, fragte sich Hecker, kann man den eigenen Tod denken? Man kann ans Sterben denken, ob es leicht sein würde oder schwer oder grässlich, an Krankheit, Verfall, Leiden. Aber nicht an den Tod selbst. Weil der Tod das Nichts ist, das vollkommene Nichts. Und an ein Nichts kann man nicht denken. Deshalb halten sich die Menschen ja im Prinzip für unsterblich. Weil es unmöglich ist, sich als nichts zu denken

Aber darauf läuft jedes Leben zu, vom ersten Moment an. Wir altern im Grunde vom Tag unserer Zeugung an, hatte er kürzlich gelesen, schon in den ersten Stunden unseres Lebens verlieren manche Zellen Fähigkeiten. Ab Mitte zwanzig lässt das Denkvermögen nach, ab Mitte dreißig das Erinnerungsvermögen. Alles wird geringer und geringer. Als wüchse von der ersten Stunde an auch der Tod in uns heran. Altern ist der Verlust von Möglichkeiten. Und der Tod ist deren Verlöschen.

Hecker fand all diese Gedanken beängstigend, aber jetzt, da er im Zug zu einem fuhr, dessen Möglichkeiten definitiv erloschen waren, bedrängten sie ihn seltsamerweise nicht. Er sah sich um im Großraumwagen, einige saßen vor ihren Laptops, andere hatten Kopfhörer auf den Ohren, manche hatten die Augen geschlossen und schienen zu schlafen. Aber Hecker war wach wie schon lange nicht mehr. Die Nebel der vergangenen Tage und Wochen waren verschwunden. Ihm stand auf einmal deutlich und klar vor Augen, was womöglich die tiefste Ursache des Rentenschocks war, in den er geraten war. Er hatte den Eintritt in den Ruhestand als Verurteilung erlebt, als Beweis und Vorwegnahme seiner Endlichkeit. Wenn die Arbeit zu Ende ging, dann hieß das ja, dass auch ein anderes Ende näher gerückt ist. Der tätige Mensch kann es sich vom Leib halten, meinte er immer, der untätige wartet nur noch darauf. Wahrscheinlich geht das nicht allen so, dachte er, aber er hatte es so empfunden. Ich habe keine Möglichkeit mehr gesehen, mich zu wehren, ich war ungeschützt. Es ist mir so vorgekommen, als wären Tod und Teufel hinter mir her. Und es dämmerte ihm, dass die Panik seiner letzten Wochen, ja der Monate seines Berufsabschieds auch eine Form der Angst vor dem Tod gewesen war.

Der Zug hatte eben Nürnberg passiert, noch eine Stunde bis München, und Hecker war froh darüber. Denn er hatte diesen Gedanken noch nicht zu Ende gebracht. Ob das mit der Todesangst nicht doch ein bisschen übertrieben war? Zumindest fand er, dass seine Panik eine Anmaßung gewesen war. Weil sie sich in dem selbstgefälligen Gefühl suhlte, dem Tod anheimgegeben zu sein, ohne ihm nur im Geringsten gegenübergetreten zu sein. Eine Nähe beschwor, die eigentlich eine Ferne war.

Demut, dachte Hecker, wäre die Tugend, die er von Hans' Tod lernen konnte.

Es war nicht die einzige Lektion der Münchner Tage.

Ausgestattet mit der Einsicht, dass vom Redakteur Thomas Hecker, wenn man den Redakteur abzog, immer noch ein Thomas Hecker übrig blieb, kam er am Hauptbahnhof an, verbrachte einen selbstgewählten einsamen Abend in einem Münchner Gasthaus, rief Franziska immer noch nicht an und fuhr am nächsten Morgen mit der U-Bahn zum Waldfriedhof. Hecker kannte sich gut aus, auch seine Eltern hatten dort ihre Grabstätte. Er ging die Straße zur Aussegnungshalle entlang, und schon sah er den einen oder anderen Bekannten. Einige Klassenkameraden von früher hatten den Weg hierher gefunden, meist musste Hecker zweimal, dreimal hinsehen, bis er sie erkannte. Das Alter war an ihnen nicht vorübergegangen. Man begrüßte sich, sprach leise.

Hecker hörte die Grabreden an und die Musik, Mozarts «Laudate Dominum», kondolierte der Ehefrau und deren Kindern, wurde aufgefordert, sich hinterher in einer nahe gelegenen Gaststätte einzufinden. Er tat das gerne, auch weil er unter den Trauergästen einen entdeckt hatte, der ihn interessierte. Er war in Heckers Schulklasse gegangen, sie hatten ihn damals Charly genannt, wahrscheinlich hieß er Karl, er wusste es nicht mehr. Charly wirkte etwas älter als die anderen in der Klasse, nahm wenig teil an deren Freizeitvergnügungen, eine unnahbare Person, manche hielten ihn für arrogant, aber Hecker hatte in ihm immer etwas Besonderes gefunden, ohne dass sich je eine Vertrautheit zwischen ihnen eingestellt hätte. Nach dem Abitur hatte er ihn nie mehr gesehen, auch bei den gelegentlichen Klassentreffen erschien er nicht. Aber nun war er unter den Gästen, und Hecker wollte gerne wissen, was aus ihm geworden war.

«Na, was wohl?», sagte der. «Natürlich das, was wir alle sind: Rentner.»

«Und vorher?»

«Weißt du das nicht? Ich habe doch Chemie studiert.»

208

Hecker wusste es nicht, woher auch. Und Charly erzählte, dass er gegen Ende seines Studiums in die USA gegangen und dort geblieben sei, der besseren Arbeitsbedingungen wegen. Er habe eine Stelle an einem wissenschaftlichen Institut der Universität bekommen, in Chicago, und sei schließlich Professor geworden. «Und da arbeite ich immer noch.» Das mit dem Rentner stimme nämlich nur begrenzt. Trotz seiner 65 Jahre habe er immer noch einen Lehrauftrag an diesem Institut, keine Vollzeit mehr, aber zwei Tage in der Woche sei er weiter beschäftigt. Es mache ihm immer noch Spaß. «In den USA geht so was», sagte er, «die sind da nicht so stur wie Deutschland mit seinen festen Altersgrenzen. Aber das wird sich auch hier bald ändern. Auf uns Alte kann man doch nicht verzichten.»

Im Übrigen sei es reiner Zufall, dass er gerade hier in der alten Heimat sei. Er habe einen Besuch bei seiner Schwester in München gemacht und in der Zeitung die Todesanzeige gelesen. Darum sei er hier.

«Und du?», fragte er.

«Du hast es ja selbst gesagt: In Deutschland kann man verzichten. Rentner seit 1. Oktober. Vorher war ich Journalist.»

«Das hätte ich mir denken können. Deutsch war doch in der Schule dein Lieblingsfach. In der Unterstufe durftest du immer deine Aufsätze vorlesen, ich erinnere mich gut. Da warst du immer stolz auf dich, weißt du noch? Und jetzt wollen sie dich nicht mehr haben? Das Schreiben verlernt man im Alter doch nicht.» Dann sagte er noch: «Aber dann hast du jetzt ja Zeit. Komm mich doch mal besuchen in Chicago. Ich würde mich freuen.»

«Chicago? Da fängt doch die Route 66 an, oder?»

«Genau. Get your kicks …»

«On route sixty-six. Der alte Song von King Cole? Die Rolling Stones haben das Lied auch gespielt.»

Hecker erzählte, dass er eine Frau habe, die schon ihr ganzes Leben davon träumte, einmal die Route 66 zu befahren.

«Dann kommt doch beide zu mir, erfüllt euch diesen Traum.»

Allerdings, fügte Charly hinzu, müssten sie sich ein wenig beeilen. Weiß Gott, wie lange das noch möglich sei. Er habe vor ein paar Monaten eine hässliche Diagnose bekommen, Prostata, Krebs, eine Strahlenbehandlung habe er schon hinter sich, es sehe nicht schlecht aus im Moment, die Prognose sei ganz günstig, aber man wisse ja nie.

Hecker sah ihn schweigend an. Hört das denn nie auf? Erst Hans, dann Charly. Nein, dachte er, es fängt erst an. Das Alter, die «erlesene Zeit des Lebens», die alten Römer mussten verrückt gewesen sein.

«Jetzt mach nicht so ein Gesicht», sagte Charly, «Prostatakrebs ist heute kein Todesurteil mehr, das wird schon werden.»

Die beiden Männer saßen noch lange zusammen

an diesem Nachmittag, aber sie sprachen nicht mehr über Krankheiten und Tod, sondern erzählten sich von ihrem Leben, von den Jahrzehnten, die hinter ihnen lagen und was sie daraus gemacht hatten. Dann musste Hecker zum Bahnhof, der letzte Zug nach Berlin ging um 18.15 Uhr. Sie tauschten Telefonnummern und E-Mail-Adressen aus.

Der Großraumwagen war beinahe leer. Hecker setzte sich ans Fenster und schaute in den Abend. «Mitten im Leben sind wir von Tod umfangen» – kaum eine Beerdigung, die ohne diesen Satz auskam, auch heute hatte ihn einer der Trauerredner zitiert. Ein falscher Satz, meinte Hecker. Nicht mitten im Leben, sondern mitten im Alter. Er fand das einen ziemlich großen Unterschied.

Was für Lehrstunden, dachte er, in diesen eineinhalb Münchner Tagen. Er glaubte, tatsächlich etwas gelernt zu haben. Nicht fürs Sterben, sondern fürs Leben. Etwas über die Kostbarkeit der Zeit.

ANFÄNGE

Hecker fragt sich, ob man Altsein lernen kann,
hat ein Erfolgserlebnis und verabredet mit
Franziska ein Treffen

Hecker, wieder in Berlin, hatte viel zu tun. Die Wachheit der Münchner Tage war ihm geblieben, er fühlte Kräfte, die er in den Monaten zuvor so sehr vermisst hatte, und die Tage, die ihm gerade noch so lang gewesen waren, hatten plötzlich nicht genug Stunden.

Natürlich war Franziska sein erster Gedanke gewesen, als er zurück in die verlassene Wohnung kam. Genau genommen stimmte das nicht, weil in all den Tagen Franziska der Gedanke war, der ihn immer und überall begleitete vom Morgen bis zum Abend und in die Nacht hinein. Sein Entsetzen war nicht kleiner geworden, aber er fühlte jetzt nicht mehr die Ohnmacht des Anfangs. Er glaubte zu wissen, was er zu tun hatte. Er musste ins Leben zurückkehren.

Deshalb stand Hecker am nächsten Morgen in der Schlange der Wartenden auf dem Bürgeramt. Sein Personalausweis war schon vor Monaten abgelaufen, und Hecker dachte sich, er würde bei seiner Rückkehr ins

Leben am besten bei den etwas leichteren Aufgaben beginnen. Ein neuer Personalausweis schien ihm eine solche Aufgabe, kostete Zeit und sonst nichts. Hecker täuschte sich.

Schon am Info-Schalter beim Eingang erfuhr er, dass das vorsorglich mitgebrachte Passbild den Erfordernissen moderner Amtsstuben nicht entsprach, nicht biometrisch, völlig ungeeignet zur Gesichtsvermessung. Weil das offenbar vielen Personalausweisbeantragern so ging, befand sich gleich neben dem Bürgeramt ein Fotostudio, spezialisiert auf Bilder mit biometrischen Anforderungen. Hecker war also nicht allein hier, stellte sich in die Schlange, kam bald an die Reihe, weil das Fotografieren hier ein Fließband-Fotografieren war. Bitte nicht lächeln. Angestrahlt von rechts und links, von vorne und hinten. Wenige Minuten später überreichte ihm der Fotograf sein Abbild. «Perfekt getroffen», sagte er.

Perfekt getroffen. Hecker ging in die Knie. Biometrisch kann sehr ehrlich sein. Keine beschönigende Kopfhaltung war da erlaubt, kein besänftigendes Lächeln. Sondern geradeaus geknipst, schonungslos ins Gesichtszentrum, hart ausgeleuchtet. Voll in die Fresse, dachte Hecker, und dabei hatte er sich doch vorgenommen, zukunftsorientiert in die Kamera zu schauen.

Es war ein Bild zum Gotterbarmen. Hecker fand, er sehe aus wie achtzig. Eine Haut aus gebleichtem Leder, fleckig, dreckig und nicht einmal mit dem Altersechsencharme, den etwa Mick Jagger oder Keith Richards zum Zeichen ewiger Jugend gemacht hatten. Hecker starrte sich ins Gesicht. Winzige Augen, aufgedunsene Lider, hervorquellende Adern – es war nicht zu beschönigen: Der Mann auf dem Foto war alt. Man ist nicht so alt, wie man sich fühlt, dachte Hecker. Sondern viel älter.

Er ging zurück ins Bürgeramt, zog am Automaten eine Nummer und stellte sich in den Wartesaal. Wieder nahm er die Bilder zur Hand und schaute sich ins Gesicht. Aber Hecker, müde geworden im Aufbegehren und gewarnt durch das Unglück der verlassenen Wohnung, begann langsam ein Gefühl für dieses Gesicht zu bekommen. Kein liebevolles, erst recht kein zärtliches, aber ein – ihm fehlte der Begriff dafür – konnte man sagen: ein annehmendes Gefühl? Vielleicht war es genau das, was er zu lernen hatte: sich ins Gesicht sehen und nicht mehr protestieren.

Zehn Jahre würde der neue Personalausweis gültig sein. Wenn ich ihn verlängere, bin ich 75, dachte Hecker, dann werde ich wahrscheinlich aussehen wie hundert.

Aber es war zum ersten Mal kein Groll in ihm, wenn er an sein Alter dachte. Vielleicht hatte er sich endlich an sich selbst gewöhnt. Nein, wahrscheinlich war es anders: Vielleicht hat mich Franziska an mich selbst gewöhnt, dachte er. Durch ihren Auszug. Durch die entschiedene Botschaft: Wenn du dich nicht magst, kann auch ich dich nicht mögen.

Hecker misstraute sich, mochte nicht glauben, dass dieser Groll so gänzlich verschwunden sein könnte. Irgendwo in ihm musste er sich versteckt haben, wahrscheinlich würde er im unpassendsten Augenblick plötzlich sein Haupt erheben und den alten Jammerton anstimmen. Aber dann dachte Hecker wieder an den toten Hans und an Charly auch. Und er spürte erneut dieses Gefühl von Dankbarkeit darüber, am Leben zu sein.

Vielleicht kann man das Altsein lernen, überlegte er. Ich habe laufen gelernt und schwimmen, Rad fahren, lesen, schreiben, rechnen, ich habe Englisch und Italienisch gelernt – warum sollte ich nicht auch Altsein lernen? Weil man im Alter schlechter lernt als in der Jugend? Weil ich zu alt fürs Altsein bin?

Er musste lachen. Und das, fand er, war tatsächlich ein Zeichen dafür, dass sich etwas verändert hatte. Bis vor wenigen Tagen hätte er diesen Satz noch geglaubt.

Hecker hatte den amtlich vorgeschriebenen Schritt getan, um in seinem neuen Leben anzukommen. Neben seinem Rentnerausweis besaß er jetzt auch einen gültigen Personalausweis. Nun überlegte er, was der nächste Schritt sein könne. Er rief Karin an und leistete ein zweites Mal Abbitte.

Wie hatte er sie verlacht, die alte Freundin aus Wohngemeinschaftstagen. Sich erhoben über ihr falsches Rentnerleben, das von Termin zu Termin hastete, von Event zu Event, eine einzige Täuschung durch überschießende Aktivitäten, hatte Hecker gedacht. Heute wusste er es besser

«Es gibt kein richtiges Leben im falschen», hatte Theodor Adorno gelehrt zu jenen Zeiten, als Hecker solche Lehren begierig aufgesogen und für unverbrüchliche Wahrheiten genommen hatte. Er hatte ihn auch auf Karin angewandt.

Jetzt schien ihm dieser Satz auf erschreckende Weise fragwürdig. Nicht nur, weil es da offenbar eine gültige Definition des Richtigen und des Falschen zu geben schien, der er früher begeistert angehangen hatte, weil sie das Leben ungemein erleichterte, und die er heute geradezu grotesk fand. Mehr noch aber, weil er inzwischen fand, je älter er wurde, dass das Leben ein ziemliches Mischgewebe war. Zusammengesetzt aus dem Richtigen und dem Falschen und dem Falschen und dem Richtigen. Und er hätte ungern einen Richter gehabt, der ihm genau gesagt hätte, wo die Grenzen zwischen beidem verlaufen.

Mit solchen Erwägungen gewappnet, fragte er Karin nach diesem Chor, von dem sie so begeistert erzählt hatte. Wann denn die Proben seien, er habe es vergessen? Immer Mittwoch, sagte Karin. Nur einmal in der Woche? Ja, nur einmal. Man habe aber manchmal auch öffentliche Auftritte, die seien meist an Wochenenden. Und es ist wirklich nicht peinlich, wirklich nichts mit einzeln vorsingen? Wirklich nicht. Bässe sind wahrscheinlich ohnehin zu viele? Keineswegs, Bässe werden dringend benötigt. «Gut», sagte Hecker, «ab nächstem Mittwoch bin ich ein Bass.»

Da Hecker zu Übertreibungen neigte, hatte er sofort eine weitere Idee. Vielleicht sollte er es nicht bei diesem Eintritt in den Chor belassen. Singen ist das beste Mittel gegen Depressionen, hatte er einmal gelesen. Möglicherweise galt das für die Musik ganz allgemein, zum Beispiel auch fürs Klavierspielen. Mit acht Jahren hatten ihn seine Eltern auf den Klavierhocker gezwungen, jede Woche kam eine Lehrerin zu ihm, die so blass aussah, wie sie hieß, Fräulein Weniger. Es war ihm ein Graus gewesen. Er war nicht nur unbegabt, sondern faul, frech und unwillig. Fräulein Weniger verzweifelte an ihrem Schüler, und das Thema Klavier war bald beendet.

Hecker hatte das später bedauert. Was für ein Glück, dachte er, müsste das sein, jetzt im Alter, wenn die Depressionen anrollen, schnell den Klavierdeckel hochklappen zu können, in die Tasten zu greifen, aufs Pedal zu treten, Schumanns «Fröhlichen Landmann» zu schmettern, Blues-Tonleitern rauf- und runterzuklimpern, ein Mozart-Menuett federn zu lassen. Aber, wer weiß, vielleicht war es ja nicht zu spät. Gebrauchte E-Pianos gab es mittlerweile für 200 Euro. Sollte er? Und dann gar noch Klavierstunden nehmen? Wahrscheinlich zu teuer, fürchtete er. Trotzdem wollte er die Idee noch nicht in den Wind schlagen. Vielleicht tat sich ja doch die Möglichkeit auf, irgendwo einen kleinen

Rentnerjob zu finden. Er musste sich in den nächsten Tagen dringend im Internet umtun.

Seltsam, dachte er, dass mir jetzt auf einmal so viele Ideen kommen – und vorher keine einzige, die mich überzeugt hat. Es muss eben immer etwas geschehen, damit etwas geschieht.

Dann wählte er die Nummer von Franziska.

«Wie geht es dir?», fragte er.

«Na ja.»

«Ich würde dich gern sehen.»

«Warum?»

Was für eine Frage! Wieso war sie so kühl? Was ging in ihr vor? Aber Hecker sagte nur: «Weil ich etwas verstanden habe. Ziemlich viel sogar.»

Franziska zögerte, und Hecker wollte sie fragen, wie ihre Tage vergangen seien, ob sie an ihn denke, ob sie sich noch an die glücklichen Wochen von Sardinien erinnere, wie es ihr mit der Arbeit gehe, aber er fragte nichts, sondern wiederholte nur: «Ich möchte dich sehen.»

«Wo?», sagte Franziska.

Hecker schlug ein Café an der Spree vor, gar nicht weit von ihrer Wohnung entfernt, in dem sie am Sonntagnachmittag oft Kuchen geholt hatten, übermorgen vielleicht, er wollte sie nicht drängen, nach der Arbeit, so um sechs Uhr.

«Ja», sagte Franziska.

Hecker war irritiert nach diesem Telefongespräch.

Franziska hatte nichts von ihren Gefühlen und Absichten preisgegeben. Immer hatte er bisher gemeint, ihre geheimsten Gedanken lesen zu können, ein kleines Schwanken in der Stimme, ein fast unmerklicher Wechsel ihres Gesichtsausdrucks, Hecker wusste sofort Bescheid. Aber nun war er ohne jegliche Ahnung, versuchte sich zu beruhigen, Franziska würde ganz gewiss nicht leichtfertig ihre Beziehung aufs Spiel setzen, die über alle Jahre meist glücklich gewesen war. Aber es gelang ihm nicht, die Unruhe saß tief in ihm. Da mochte er sich noch so sehr einreden, Franziska sei bestimmt selbst in großer Not und habe gar nicht anders reagieren können auf seinen Anruf als mit dieser verstörenden Distanz.

Dann läutete das Telefon, Paula war am Apparat. Nichts Ungewöhnliches, sie hatte in der vergangenen Zeit oft angerufen, jeden zweiten Tag beinahe, nach dem Befinden des Vaters gefragt und sich besonders Gedanken darüber gemacht, ob es nicht irgendeine Tätigkeit für Hecker geben mochte, damit wenigstens ein bisschen etwas von dem in sein Leben zurückkehre, was er in 40 Jahren stets besessen hatte: Sinn und Struktur. Sie werde sich umhören, hatte sie immer wieder gesagt, und sie sei sicher, dass die Fähigkeiten des Vaters irgendwo gebraucht würden. In ihrer Werbeagentur fiel immer wieder etwas an, wo sich ein erfahrener Redakteur nützlich machen konnte, Firmenzeitschriften, Kundenzeitschriften. Vor ein paar Wochen hätte Hecker noch gemault, dass ihn so etwas nicht interessiere. Aber auch hier hatten sich seine Ansichten inzwischen geändert und waren einer Bescheidenheit gewichen. Wenn Paula etwas höre, na gut, offen gestanden sei er mittlerweile für alles dankbar, also: für fast alles. Paula strotzte vor Optimismus, sie werde etwas finden für ihn, sie sei zuversichtlich, schließlich habe sie allerbeste Kontakte in die Szene. So war sie schon als Kind, dachte Hecker, immer ein bisschen überschießend, immer voll bester Zukunftserwartungen – nicht gerade meine Gene. Die Texte, mit denen man da zu tun habe, sagte Paula, seien oft grauenhaft geschrieben, «da müsste mal jemand mit dem Rotstift darübergehen. Du zum Beispiel.»

Jetzt meldete Paula Erfolg. Sie habe etwas gehört. Ein Bekannter, also eher ein Bekannter eines Bekannten, schreibe gerade ein Buch, und zwar, «du wirst es nicht glauben», einen Band mit 15 Porträts namhafter Winzer in Deutschland. «Dein Thema, Papa», Paula klang euphorisch. Der Autor brauche dringend einen Gegenleser, einen, der seinen Text ein wenig hübscher mache, ein großer Schreiber sei er nämlich nicht. Und das Beste komme erst noch. Selbstverständlich werde die Arbeit bezahlt, nicht gerade fürstlich, aber immerhin. «Na, Papa?», sagte Paula stolz und wiederholte: «Dein Thema.»

Hecker bekam Herzklopfen, wenn Paula da gewesen wäre, dann wäre er ihr um den Hals gefallen. Stattdessen knurrte er auf Hecker-Art: «Glaubst du wirklich, dass der auf mich gewartet hat?»

Paula lachte. «Klar, sein ganzes Leben lang. Nur auf dich.»

Jetzt musste auch Hecker lachen. Er habe das ganz ernst gemeint, ob sie wirklich glaube, dass dieser Bekannte ihn brauchen könne? «Nein, nein», sagte Paula, «nicht glauben, ich weiß das. Ruf gleich morgen dort an, der ist in Schwierigkeiten, schwer im Verzug, der ist froh über jede Hilfe. Ruf an!» Und sie gab ihm eine Telefonnummer und einen Namen.

Ganz ruhig!, befahl sich Hecker, noch ist das nur eine Idee, weiß Gott, was dieser Autor für einer ist und was der vorhat. Was ihn indessen keineswegs davon abhielt, sogleich im Internet nachzusehen, was es mit diesem Porträt-Schreiber auf sich hatte, und er fand heraus, dass das nicht sein erstes Buch war. Immer ging es um Wein, einmal um norditalienischen, einmal um südbadischen. Interessant, fand er, der macht gute Sachen. Dann öffnete er eine Flasche Rotwein, die erste seit Tagen. Aber diesmal war es kein Wein der Verzweiflung, sondern einer unverhofft guten Laune.

Gleich am nächsten Vormittag rief er an. Ja, sagte Paulas Bekannter, er wisse gar nicht mehr, wo ihm der Kopf stehe, das Manuskript müsste längst fertig sein, er habe sich verspätet, jede Hilfe sei willkommen, er werde den Text sofort mailen, wenn es ihm recht sei. Ob er ihn ein bisschen bearbeiten könne, in zwei Wochen müsse er das Buch abgeben. Diese Fristverlängerung habe er dem Verlag gerade noch abringen können.

«Klar», sagte Hecker, «wenn's sein muss, auch in einer Woche. Ist doch mein Beruf.»

«Das mit dem Geld muss ich noch klären, aber keine Sorge, ich telefoniere gleich mit dem Verlag.»

Er möge sich Zeit lassen, sagte Hecker.

Tatsächlich kam wenige Minuten später eine Mail mit dem Buchmanuskript. Hecker setzte sich sofort daran, stellte fest, dass noch erschreckend viel zu tun war. Aber er freute sich darauf. Im Berufsleben konnte er gar nicht laut genug fluchen, wenn ihm liederliche Artikel auf den Tisch kamen, deren Bearbeitung ihm die Zeit stahl. Das war jetzt anders. Je schlechter der Text, umso größer die Herausforderung, umso mehr fühlte er sich gebraucht. Er arbeitete wie ein Besessener, akribisch und penibel wie immer und zugleich mit einer Lust wie schon lange nicht mehr. Außerdem interessierte ihn das Thema des Buchs sehr. Früher, als er noch bei einer Tageszeitung in Süddeutschland gearbeitet hatte, hatte er oft über das Thema Wein geschrieben. Über Franziska hatte Hecker auch Winzer in der deutschen Südwestecke kennengelernt. Zwei davon kamen auch in dem Porträtbuch vor.

Dann war da noch eine andere Sache. Hecker gab bei Google den Begriff «Route 66» ein. Er sah sich die einzelnen Stationen dieser Straße an, von Chicago bis Santa Monica in Kalifornien, berechnete Entfernungen, schätzte die Zeit, die man dafür benötigte, stöberte in den Tarifen von Autoverleihern, suchte nach Flugverbindungen, Berlin – Chicago, Los Angeles – Berlin. Und musste ernüchtert feststellen, dass diese Reise sein Budget bei weitem überstieg. Einen Moment dachte er an seine Bekanntschaften von der Imbissbude. Was hatte er für ein Glück, von dieser Reise überhaupt träumen zu können, für die meisten Rentner war so etwas völlig ausgeschlossen, schon ein Pauschalurlaub auf Mallorca war kaum denkbar. Und er plante eine Reise quer durch die USA! Irgendwie, dachte er trotzdem, muss ich das hinkriegen, und natürlich war es nur eine einzige Idee, die ihn so beharrlich an seinem Reiseplan festhalten ließ – die Idee, Franziska zu überraschen. Ihr ein Geschenk zu machen wie noch nie. Wenn das mit der Bezahlung für seine Arbeit an dem Buch klappte und er vielleicht auch den einen oder anderen Nachfolgeauftrag ergatterte, ja dann … Bis zum September, Oktober würde er genügend beisammenhaben. Er war von einem Optimismus, wie er ihn sonst nur von Paula kannte.

Dann wandte sich Hecker wieder dem Wein-Buch zu, redigierte, machte aus ungelenken Sätzen brauchbares Deutsch, aus komplizierten einfache, stellte Passagen um, merkte nicht, wie die Zeit verging, und als es Mitternacht wurde, war er schon beinahe auf der Hälfte des Textes. Am nächsten Tag sollte es weitergehen, er würde schnell sein wie noch nie, und am Ende dann der übliche Feinschliff, genauso, wie er es an seinem Schreibtisch bei der Zeitschrift immer gehalten hatte. Er war zufrieden wie lange nicht mehr.

Natürlich war er sich im Klaren darüber, dass er damit sein Rentnerproblem noch längst nicht gelöst hatte. Aber es ist ein Anfang, dachte er, und dieses Wort hatte einen guten Klang. Weil es das in seinem Sprachschatz seit Monaten nicht mehr gegeben hatte; höchstens in der Redewendung: der Anfang vom Ende. Das Wort hatte auch deshalb einen guten Klang, weil in ihm noch etwas anderes steckte: etwas mit sich anfangen können. Es fehlte jetzt nur noch, dass auch Franziska wieder etwas mit ihm anfangen konnte. Hecker hoffte es, aber mehr als die Hoffnung hatte er nicht zur Verfügung. Noch immer klang der kühle Ton in ihm, den ihre Stimme am Telefon gehabt hatte.

DIE BOTSCHAFT DER SCHWÄNE

Jetzt geht es um alles, denkt Hecker und ist nervös.
Und Franziska macht es ihm nicht leicht

Am nächsten Tag spielte das Wetter verrückt. Das Thermometer stieg auf 22 Grad, dabei war es Dezember. Hecker konnte sich nicht erinnern, dass er so etwas schon einmal erlebt hatte. Sofort begann er zu grübeln, welche Bedeutung die Naturkapriole für sein Treffen heute Abend mit Franziska haben mochte. War die Welt jetzt endgültig aus den Fugen? Oder verhieß die Dezemberwärme auch eine neue Herzenswärme? Was für ein Unfug, dachte Hecker, als hätte dieser Temperaturrekord etwas mit meiner Person zu tun. Dennoch glaubte er, überall Zeichen zu entdecken, die auf seine Begegnung mit Franziska deuteten. Etwa die Abwesenheit der Schwäne bei seiner Lieblingsbank. Wollten sie ihn mahnen? Dass stolzes Selbstbewusstsein heute nicht das richtige Rezept war? Quatsch, sagte Hecker zu sich, Schluss jetzt mit den Vorahnungen und Vorzeichen. Als er wenig später einen Schornsteinfeger über die Straße gehen sah, musste er lachen.

Er war fast eine halbe Stunde zu früh im Café, bestellte einen Cappuccino und nahm eine von den Zeitungen, die dort auslagen. Er las und merkte, dass er nicht verstand, was er gelesen hatte. Die Wörter und Sätze drangen nicht vor zu seinem Gehirn. Es war mit etwas anderem beschäftigt. Heckers Nervosität stieg, je näher die Uhr gegen sechs ging.

Franziska war gnädig. Auch sie erschien vor der Zeit, beinahe zehn Minuten, und Hecker überlegte sofort, ob er das als günstiges Zeichen nehmen sollte. Franziska fiel ihm nicht um den Hals, küsste ihn nicht, sondern sagte sehr sachlich: «Hallo.» Hecker fand, dass sie angestrengt aussah, müde.

«Den Bart habe ich abrasiert», sagte Hecker.

Das sei nicht zu übersehen, sagte Franziska und bestellte einen grünen Tee.

«Du kannst nicht schlafen, wenn du den am Abend trinkst», sagte Hecker. Er wollte Vertrautheit und Fürsorge demonstrieren.

«Das kann ich sowieso nicht.»

Dann war es eine Weile still zwischen beiden, bis Franziska schließlich fragte: «Was willst du mir sagen?»

«Am liebsten nichts. Am liebsten würde ich bloß mit dir dasitzen.»

«Das ist nicht besonders viel.» Jetzt lachte Franziska ein bisschen. Es klang künstlich. Ich bin nicht der Einzige, der hier nervös ist, dachte Hecker.

«Also, Thomas, was gibt's?»

Hecker fragte die Bedienung nach einem zweiten

Cappuccino und hätte Franziska gerne davon erzählt, dass er vorhin einen Schornsteinfeger auf der Straße gesehen hatte, aber er redete jetzt über die Eigentümlichkeiten des Wetters, diese Wärme im Dezember. Ihm gefalle das ja, gerade weil der November so eisig gewesen war.

«Mir macht das Wetter Kopfschmerzen», sagte Franziska.

Hecker macht sich Sorgen. Was für ein unleidiger Ton, ganz untypisch für Franziska. Sie schien heute Stacheln zu haben.

«Und die Arbeit?», fragte er.

«Das Übliche, nichts Besonderes.»

«Kommst du zurück?» Urplötzlich kam die Frage aus Hecker heraus. Ohne Vorbereitung, ohne Vorwarnung. Er hatte das nicht so beabsichtigt. Wollte erst eine schöne Atmosphäre aufbauen, Nähe schaffen. Aber die Frage kam einfach über seine Lippen.

«Das entscheide nicht ich, das entscheidest du», sagte Franziska.

Hecker schaute sie an und wollte gerade «Wieso denn ich?» fragen. Doch dann sagte er: «Hans ist tot.»

«Welcher Hans?»

Hecker begann zu reden. Dieser Hans aus seiner Schulklasse, sein bester Freund in früheren Tagen, er habe oft von ihm erzählt, dieser Hans mit dem Kletterseil um die Schulter, sie kenne das Foto doch. Franziska erinnerte sich.

Hecker erzählte von seiner Fahrt nach München, von der Beerdigung, von der Begegnung mit Charly, aber hauptsächlich redete er über die Gedanken, die ihn auf der Zugfahrt, hin und zurück, bewegt hatten. Er sagte etwas vom Geschenk, am Leben zu sein, sprach von Aufbegehren und Demut und Würde, beinahe hätte er von den Schwänen erzählt, beherrschte sich im letzten Augenblick und sagte dann noch etwas von der Kostbarkeit der Zeit. Er überlegte, ob er auch etwas von seinen USA-Plänen erzählen sollte, aber er verbot es sich. Er wollte Franziska nicht bestechen, nicht verführen mit einem Geschenk, er wollte sie überzeugen.

Deshalb beobachtete er ihr Gesicht genau, während er sprach, forschte nach den Spuren, die seine Worte hinterließen, und konnte nichts erkennen. Aber sie hörte aufmerksam zu.

Er wolle sich entschuldigen, sagte Hecker, die Wochen mit ihm seien grässlich für sie gewesen, er wisse das wohl.

«Ich habe nur noch mich selbst gesehen. Und dich gar nicht mehr.» Er könne das heute nicht mehr verstehen.

Dann erzählte er von Paula. Wie besorgt sie um ihn gewesen sei, rührend, immer wieder habe sie angerufen.

«Ich weiß», sagte Franziska, «ich habe jeden Tag mit ihr telefoniert.»

«Ach», sagte Hecker konsterniert, «ihr habt jeden Tag telefoniert?»

«Ja, wieso?»

Sofort fühlte er sich hintergangen. Während er nie etwas von Franziska gewusst hatte, war sie durch Paula die ganze Zeit bestens über ihn unterrichtet. Hecker schwieg jetzt und sah Franziska an. Er entdeckte kein Unrechtsbewusstsein in ihrer Miene.

«Dann hast du das alles schon gewusst, das mit München und so?»

«Nicht so genau.»

Hecker spürte, wie Unmut in ihm wuchs. Und er dachte mit aller Kraft an die Botschaft der Schwäne, kein Hochmut! Wenn jemand das Recht auf Hochmut hatte, dann Franziska.

«Dann weißt du wahrscheinlich auch das Neueste schon?»

«Was denn?»

Hecker berichtete vom Wein-Buch und sah in Franziskas Gesicht, ganz genau, aber wieder gab sie nicht zu erkennen, ob er ihr wirklich eine Neuigkeit erzählte. Um ihren Mund glaubte er, einen belustigten Zug zu erkennen. Weil sie sich freute? Oder weil sie das mit Paula zusammen eingefädelt hatte? Hecker hatte keine Ahnung.

Dann sagte er: «Franziska, komm zurück. Ich verspreche dir nicht, dass jetzt alles gut wird. Aber ich glaube, dass ich das jetzt besser kann mit dieser verfluchten Rente. Ich probier's, aber ich verspreche nichts. Ich müsste lügen.»

«Das ist das beste Versprechen, das du mir geben kannst.» In Franziskas Gesicht war jetzt keine Müdigkeit mehr.

Er habe was gekocht, sagte Hecker. Rheinischen Sauerbraten. Mit Apfelmus. Franziskas Lieblingsessen. Ob sie mitkommen wolle, es sei ja nicht weit von hier.

«Gerne», sagte Franziska.

NACHBEMERKUNG
UND DANK

Ich bin nicht Hecker. Aber der Mann auf dem Buchumschlag, der auf einer Bank sitzt und etwas ratlos aus seiner Jacke schaut, der bin ich schon. Und ich glaube, dass er Hecker ein bisschen ähnlich sieht. Obwohl er es gar nicht dürfte. Denn Hecker gibt es nicht.

Dennoch ist der Rentner Thomas Hecker keine Kunstfigur. Da er im gleichen Alter ist wie ich, macht er Erfahrungen, die auch ich gemacht habe, trägt er Züge, die den meinen ähneln. Aber nicht immer. Denn in die Figur Hecker sind auch viele andere Erfahrungen eingeflossen. Ich habe mit ungezählten Menschen gesprochen, die auf die Rente zugehen oder schon länger in Ruhestand sind. Sie haben mir von ihren Ängsten erzählt, von ihren Krisen, mitunter sogar von ihren Verzweiflungen; aber auch von Hoffnungen, von Freuden, vom Ruhestandsglück. Aus all diesen Berichten, die oft sehr bewegend waren, sind Thomas Hecker und seine

Geschichte entstanden. Deshalb ist es eine wahre Geschichte.

Natürlich hat nicht jede und jeder solche Schwierigkeiten wie Hecker, sich in den neuen Lebensabschnitt hineinzufinden. Manchen gelingt das mit bewundernswerter Selbstverständlichkeit, andere brauchen Wochen und Monate, sich daran zu gewöhnen. Und nicht wenige geraten in jene Nöte und Partnerschaftskrisen, in die Hecker stürzte; viele werden krank. Ruhestand kann eine sehr ernste Sache sein.

Ich habe Glück gehabt. Anders als Hecker habe ich auch über meinen 65. Geburtstag hinaus beim Berliner «Tagesspiegel», bei dem ich viele Jahre Redakteur war, die Möglichkeit bekommen, journalistisch tätig zu sein. Dafür bin ich meinen Chefredakteuren dankbar. Ich danke auch meinen Kollegen in der Redaktion, die mir die Zeit gaben, das Buch zu schreiben.

Ein weiterer Dank gilt meinen Erstlesern, die mich mit Ideen, Kritik und Ermutigungen beim Schreiben unterstützt haben. Zuerst meiner Frau und Allererstleserin Annette, deren professionelle Hilfe das Buch von der ersten Zeile an begleitet hat. Dann meiner Tochter Julia und meiner Schwester Birgit. Und schließlich meinem Freund Helmut Kerscher. Ohne deren Unterstützung wäre Heckers Geschichte nicht möglich gewesen.

Zuallerletzt bedanke ich mich bei Diana Stübs, mei-

ner Lektorin vom Rowohlt Verlag, die bei den Dank-
sagungen eigentlich ganz oben stehen müsste. Sie hatte
die Idee zu diesem Buch, und sie hat es mit Geschick
und Genauigkeit redigiert.

Zum Weiterlesen

Es ist viel geschrieben worden über die Rente und den Ruhestand. Die meisten Bücher sind Ratgeber und geben Hilfestellungen bei finanziellen und organisatorischen Fragen. Andere versuchen, Trost zu spenden, und zeichnen das Alter in den rosigsten Farben. Begegnungen mit der Realität des Rentnerdaseins finden dabei allerdings kaum statt. Einen wirklichen Beitrag zur Bewältigung dieser neuen Lebensphase leisten sie darum nur sehr begrenzt.

Aus der Fülle der Literatur habe ich einige wenige Bücher ausgewählt, die das Thema sehr ernsthaft angehen und mir beim Schreiben dieses Buchs eine Hilfe waren.

Simone de Beauvoir: Das Alter.
778 Seiten, Reinbek: Rowohlt Taschenbuch 1977
Das Buch hat mehr als 40 Jahre auf dem Buckel und ist deshalb in mancher Weise überholt. Die demographische Entwicklung der vergangenen Jahrzehnte etwa ist hier naturgemäß noch kein Thema. Trotzdem ist es die

gründlichste Beschäftigung mit dem Alter, die ich kenne. Auf fast 800 Seiten werden alle möglichen Aspekte des Alterns diskutiert, biologische, psychologische, historische. Simone de Beauvoirs besonderes Augenmerk gilt den literarischen Bewältigungen des Älterwerdens von der Antike bis ins 20. Jahrhundert. Ein schonungsloses Buch, das beharrlich darauf hinweist, dass das Empfinden des Alters zuallererst von der jeweiligen ökonomischen Lage abhängt.

Hannelore Schlaffer: Das Alter. Ein Traum von Jugend.
110 Seiten, Frankfurt am Main: Suhrkamp 2003
Auch die Germanistikprofessorin Hannelore Schlaffer zeigt, dass das Alter sehr verschieden erlebt werden kann. Aber sie unterscheidet nicht wie Beauvoir zwischen arm und reich, sondern zwischen weiblich und männlich. Die Geschlechter, argumentiert sie, erleben den Alterungsprozess vollkommen unterschiedlich. Die wirklichen Verlierer des Alters, so das Fazit dieses Essays, sind die Frauen.

Pat Thane (Herausgeber): Das Alter. Eine Kulturgeschichte.
320 Seiten, Darmstadt: Primus 2005
Das Besondere an diesem Buch ist seine Aufmachung. Etwa 230 Bilder illustrieren opulent das Alter und die Ansichten darüber aus verschiedenen Jahrhunderten. Dazu eine Fülle von Erkenntnissen über Formen der Alterung in verschiedenen historischen Epochen.

Jean Améry: Über das Altern. Revolte und Resignation.
167 Seiten, Stuttgart: Klett-Cotta, 1968
Eine Sammlung von fünf Essays, die schon 1968 erschienen und immer noch lesenswert ist. Besonders beeindruckt hat mich die letzte Abhandlung: Mit dem Sterben leben. Keine einfache Lektüre.

Silvia Bovenschen: Älter werden.
155 Seiten, Frankfurt am Main: Fischer 2006
Was verändert sich mit dem Alter? Silvia Bovenschen gibt großartige Antworten auf diese Frage. Miniaturen, Lebensklugheiten, anekdotisch, aphoristisch. Ein besonders geistreiches Buch, das seine Kraft aus persönlichen Lebenserinnerungen gewinnt, die mit den Augen einer älter werdenden Frau betrachtet werden und dadurch neue Bedeutung gewinnen. Mein persönliches Lieblingsbuch zum Thema Alter.

Norberto Bobbio: Vom Alter – De Senectute.
139 Seiten, Berlin: Wagenbach 2004
Der italienische Philosoph Norberto Bobbio war schon über 80 Jahre alt, als er diese Sammlung von Reden und Aufsätzen veröffentlichte. Eine kluge, manchmal etwas melancholische Lebensbilanz.

Sven Kuntze: Altern wie ein Gentleman.
Zwischen Müßiggang und Engagement.
256 Seiten, München: C. Bertelsmann 2011
Trotz des unglücklichen Titels ist das Buch des Fern-
sehjournalisten Sven Kuntze eine gescheite Bestands-
aufnahme des Ruhestands – zwischen Freuden und
Krisen, Gewinnen und Verlusten. Ein illusionsloses
Buch, das aber nie wehleidig wird, nachdenklich, hu-
moristisch, lebensklug, mit einem sehr versöhnlichen
Grundton.

Bettina von Kleist: Wenn der Wecker nicht mehr klingelt.
Partner im Ruhestand. 235 Seiten, München: dtv 2008
Das Buch der Journalistin Bettina von Kleist interessiert sich hauptsächlich für die Frage, wie der Ruhestand Partnerschaften verändert. Eine Sammlung der
Protokolle von Gesprächen, die sie mit älteren Paaren
geführt hat.

Philip Roth: Jedermann.
172 Seiten, München: Hanser 2006
Zum Schluss ein Roman. Eine harte, mitunter verzweifelte Auseinandersetzung mit der eigenen Sterblichkeit,
die Geschichte einer lebenslangen Flucht vor dem Tod.
Er gipfelt in dem drastischen Satz: «Das Alter ist kein
Kampf, das Alter ist ein Massaker.»